한국기업 성과급제도의 변천

본 연구총서는
서울대학교 발전기금 연구비 및
서울대학교 경영연구소 연구비 지원에 의하여 이루어졌음.

서울대학교 경영연구소 기업경영사 연구총서 13

한국기업 성과급제도의 변천

김성수 · 박찬희 · 김태호

서울대학교출판문화원

Performance-based Compensation in Korea

Seongsu Kim
Chanhi Park
Taeho Kim

Seoul National University Press

머리말

어느 조직이든지 그 경쟁력의 기저에는 사람이 있다. 동양의 현자들은 몇 천 년 전부터 조직의 효과적인 운영을 위해 사람의 중요성을 인식하고 강조해 왔다. 그럼에도 불구하고 요즘 사람의 중요성이 새삼스럽게 우리나라 경영계에서 유행하는 것은 정보화시대와 글로벌시대를 맞이하여 사람의 중요성이 새로이 인식되고 있기 때문이라 할 수 있다.

이처럼 중요한 사람 혹은 조직구성원이 조직을 위해 최선을 다해 노력하도록 유도하기 위해 적절한 급여와 복리후생을 제공하는 것은 필수적이다. 이 책은 그중에서도 성과급제도에 초점을 맞추어 보았다. 성과급제도는 조직 혹은 조직구성원의 성과와 급여를 연계하여 사람이 더 높은 성과를 내도록 유도하기 위한 급여제도의 하나이다. 성과급제도는 어떻게 운영되는가에 따라 조직구성원에게 커다란 동기부여를 주기도 하고 실망감을 주기도 한다.

우리나라는 1990년대 말 외환위기를 겪으면서 여러 가지 커다란 변화를 경험했는데, 경영계에 나타난 주요 변화 가운데 하나는 기업들이 과거의 전통적인, 소위 '한국식' 인사관리에서 벗어나 서구식 인사관리, 그중에서도 미국식 인사관리 철학과 제도를 적극적으로 수용하기 시작했다는 점이다. 과거의 전통적 인사관리 철학은 조직구성원을 종신고용 혹은 장기고용하고 승진과 급여에 관한 의사결정에 있어서 연공서열을 중시하는 것이었다. 이는 고도성장기에는 적합하나 저성장기에는 부적합하다는 지적이 1980년대 말부터 나오기 시작하였다. 또한 세계화의 물결에 따라 국가 간의 경제적 · 문화적 장벽이 낮아짐에 따라 기업 간의 경쟁이 치열해졌고 이러한 경영환경에 효과적으로 대처하려면 한국식 인사관리제도보다는 좀 더 유연하다고 생각되는 서구식 인사관리제도를 받아들여야 한다는 지적이 있어 왔다. 이러한 지적에도 불구하고 1990년대에는 서구식 인사관리로의 전환이 매우 더디게 진행되어 오다가, 외환위기를 기점으로 서구식 인사관리제도를 대거 받아들이게 된 것이다.

과연 서구식 인사관리제도가 우리나라의 조직문화에 맞을 것인지에 대해서는 그다지 고민하거나 연구되지 않은 상태에서 많은 기업이 매우 과감하게 서구식 인사관리제도를 도입했다는 것은 주목할 만한 현상이다. 그런데 2000년대에 들어서며 한국기업이 외환위기를 벗어나게 되고 지속적인 경제성장이 이루어지자 서구식 인사제도를 도입한 것에 대해 긍정적인 평가가 나오고 있다.

특히 급여제도와 관련해서는 연봉제의 도입과 다양한 성과급제도의 도입에 대해 비교적 긍정적인 평가가 나오고 있다. 급여제도 자체가 조직구성원의 업무의욕을 고취시키고 생산성을 증가시킨다는 평가가 있는가 하면, 급여제도가 조직문화를 더욱 성과지향적으로 바꾸어 조직의 경쟁력을 향상시킨다는 평가가 나오기도 한다. 그러나 일각에서는 서구식 제도가 갖는 단기업적주의, 조직구성원 간의 지나친 급여차등과 경쟁조장 등을 들어 최근의 변화에 대해 부정적인 시각을 보내는 것도 사실이다. 또한 외환위기 이후 한국기업의 성과가 급여제도보다는 수익성 위주의 관리와 새로운 기술 및 전략의 성공에 기인한 것이라는 분석도 있다. 이 책에서는 이러한 문제에 대한 인식을 바탕으로 한국기업 성과급제도의 변천 과정과 현황을 살펴보고 그 개선방향에 대해 논의하고자 한다.

필자들도 미국 및 한국의 기업과 성과급제도에 대해 연구하면서 나름대로 이러한 문제에 대해 좀 더 깊이 이해하는 기회를 가진 바 있다. 특히 미국과 한국의 대학에서 재직하면서 양국 대학의 전반적 급여제도와 성과급제도를 경험해 보았다. 이를 통해 미국식 급여제도와 한국식 급여제도가 매우 다름을 이론적으로만 아니라 실제로 월급을 받는 사람의 입장에서 경험해 보았다. 그리고 양국의 급여제도가 성과급의 측면에서 얼마나 다른지, 그러한 차이가 교수들에게 강의나 연구활동에 어떠한 태도를 갖게 하는지, 그리고 그 결과가 어떻게 나타나는지 몸소 체험하면서 성과급제도에 대한 이해를 더욱 깊게 할 수 있었다는 것은 매우 흥미로운 경험이었다. 이러한 경험과 기업 조직에 대한 연구는 이 책을 집필하는 데 많은 도움을 주었다.

이 책은 필자들만의 노력으로 집필된 것이 아니고 많은 분들의 도움을 받았다. 특히 서울대학교 경영학과 석사과정을 마치고 지금은 미국 코넬대학교에서 박사과정을 밟고 있는 김성훈 군과 서울대학교 경영학과 석사과정을 마치고 미국 MIT에서 박사과정을 밟고 있는 이은석 군의 도움을 힘입은 바 크다. 이 자리를 빌려 두 사람의 수고에 감사함을 표하고자 한다. 그리고 무엇보다도 한국 기업사연구원의 연구지원에 감사를 한다.

2006년 12월
대표저자 김성수

차 례

제 Ⅱ 장 기업의 복리후생제도

제 Ⅲ 장 한국기업 성과급제도의 변천

제 Ⅳ 장 기업 성과급제도의 이론적 기반과 시스템

표차례

그림차례

제 I 장

기업의 보상제도

1 보상의 개념

1) 보상의 정의

"콩 심은 데 콩 나고 팥 심은 데 팥 난다"는 속담은 인과응보적 상황을 묘사할 때 자주 사용된다. 이는 투입에 따라 이후의 산출이 변할 수 있음을 의미한다. 물론 여기에는 투입된 노동력이나 자금, 시간 등이 결과물로 변환되는 과정에서 중요한 요인으로 작용하는 여러 변수들의 영향력을 최소화하고 있다. 이를 통해 투입과 산출에 대한 상호관련성을 높여 공정성을 부각시킴으로써 사람들로 하여금 자발적으로 투입량을 높이려는 노력을 하게 만든다.

이러한 메커니즘은 오늘날 어느 조직에서나 찾아볼 수 있다. 차이가 있다면 자신이 최종적으로 얻는 결과물이 직접적으로 산출한 것이 아니라 산출한 것들을 변환시킨 간접적 결과물이라는 것이다. 이러한 간접적 결과물을

흔히 '보상'이라고 부른다. 보상의 개념을 조직적 차원에서 조직구성원의 노동력 투입과 조직 전체의 성과 산출이라는 함수 속에 대입해 보면, 보상이란 조직구성원이 조직에 기여한 근로의 대가를 금전적 · 비금전적 제 자원으로 제공받는 것으로 정의할 수 있다. 물론 보상은 급여처럼 금전적인 것일 수도 있고 상사의 칭찬이나 승진과 같이 비금전적인 것일 수도 있다.

2) 보상의 유형

보상은 크게 금전적 보상과 비금전적 보상으로 나눌 수 있지만, 보상의 형태에 따라 보다 세부적인 구분이 가능하다. 금전적 보상은 ① 월급이나 연봉 등 화폐로 주어지는 임금의 형태인 직접적 보상과 ② 사회보험이나 자기계발에 관련된 복리후생형태인 간접적 보상으로 세분화할 수 있다. 비금전적 보상은 ① 직무의 권한을 확대하거나 승진의 기회를 제공하는 직무 관련 보상과 ② 쾌적한 직무환경의 제공이나 탄력적 근로시간제의 선택과 같은 직무환경보상으로 나눌 수 있다. 경우에 따라서는 금전적 보상과 비금전적 보상을 아우르는 인센티브를 독립된 형태의 보상유형으로 구분하기도 한다.

이렇게 분류된 보상은 실제 조직환경에서 연공급, 직무급, 직능급, 성과급 등으로 구체화되어 나타나며, 이러한 보상들은 서로 혼합되어 사용되는 것이 일반적이다. 보상의 구체화된 형태는 보상의 설계와 운영 부분에서 상세히 다룰 것이다.

〈그림 Ⅰ-1〉 보상의 유형

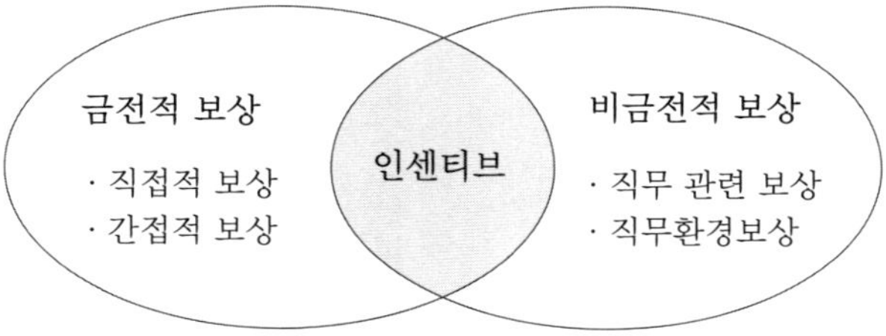

2 보상의 효과와 메커니즘

1) 보상의 효과

이렇게 유형화된 보상은 어떠한 효과를 가지고 있을까? 보상의 효과는 크게 경영자와 조직구성원의 관점으로 구분해 살펴볼 수 있다.

먼저 경영자의 관점에서 보상은 조직의 전략적 목적을 달성하는 데 강력한 도구로 작용한다. 보상은 조직구성원의 경제적 차원과 심리적 차원에서 만족감을 고양시킴으로써 그들의 태도와 행위의 변화를 촉발하는 기제가 된다. 경영자들은 보상을 통해 조직에 필요한 유능한 인력들을 모을 수 있으며, 이렇게 모아진 인력들이 개인적 이해관계를 넘어 보다 상위의 조직목표를 이행하는 데 있어 일체감을 불러일으킬 수 있다. 또한 조직에서 발생하는 제반 비용들 중 가장 중요한 인적자원의 비용에 대한 관심을 높여 인적자원에 대한 보다 깊은 이해와 관심을 기울일 수 있게 하는 효과도 있다.

조직구성원의 관점에서 보상의 효과는 더욱 직접적으로 나타난다. 보상은 일차적으로 그들의 생존기반, 즉 경제적 생활여건과 관련되므로 인간으로서 품위 있는 생활을 영위하기 위한 기본전제로 작용한다. 이러한 경제적 효과

〈그림 Ⅰ-2〉 보상의 효과

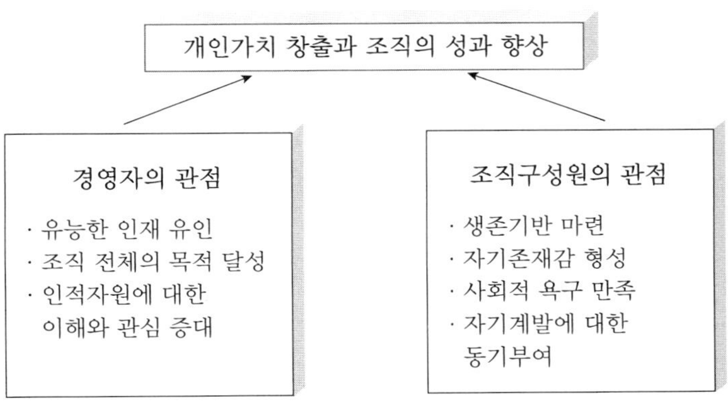

이외에도 조직구성원들은 보상을 통해 그들이 투입한 노동력에 대한 가치를 인지할 수 있어 자신의 존재가치를 형성하게 되며, 복리후생이나 승진 등을 통해 자기계발 욕구와 사회적 인정의 욕구 등도 충족할 수 있게 된다.

이렇게 볼 때 보상은 경영자나 조직구성원에게 있어 경제적 이윤이나 사회적 가치를 창출함으로써 일에 대한 동기를 부여하여 긍정적인 직무태도나 인적자원에 대한 이해를 넓혀 개인과 기업의 궁극적인 성과 향상에 기여한다고 할 수 있다.

2) 보상의 효과에 대한 설명들

이와 같이 보상이 주는 효과는 대단히 크다. 그렇다면 과연 어떠한 메커니즘에 의해 이러한 효과가 나타나는 것일까? 경영학뿐만 아니라 심리학, 경제학, 사회학 등 여러 학문 분야에서는 이에 대한 연구가 활발히 진행되어 여러 가지 이론들이 제시되었다. 그중 대표적인 것으로 강화이론, 기대이론, 대리인이론 등을 들 수 있다.

(1) 강화이론(reinforcement theory)

손다이크의 효과의 법칙(Thorndike's Law of Effect)에 따르면, 보상을 통한 반응은 이후에 다시 그러한 반응이 일어날 개연성을 높인다고 한다. 즉, 보상을 통해 반응의 연결고리가 강화되는 것이다. 여기서 '보상'은 일종의 강화물로 작용한다. 이러한 강화이론을 바탕으로 놀라운 성과를 이루어내어 고액의 연봉을 받는 사람이 더 많은 성과를 이루기 위해 더 많은 노력을 투입할 가능성이 높은 반면, 성과에 대한 보상이 충분히 이루어지지 않을 경우 이후 성과에 투입하는 노력의 정도가 낮아질 것이라는 예측을 할 수 있다. 강화이론에서는 성과와 노동력 투입 간의 관계에서 가장 중요한 매개체는 실제적인 보상의 경험이라고 강조한다. 강화이론은 현실적이고 단순한 것이 장점이지만, 그로 인해 설명력의 한계 또한 태생적으로 배태하고 있는 이론이기도 하다.

(2) 기대이론(expectancy theory)

기대이론 역시 보상과 행위 사이의 연결고리에 초점을 맞추고 있기는 하지만, 강화이론에서 강조한 실제 경험된 보상보다는 기대하는 보상치에 더 큰 의미를 부여한다. 보통 행위는 능력과 동기의 함수관계로 설명이 가능한데, 기대이론에서는 사람들이 보상에 대해 갖는 기대가 동기에 직접적인 영향을 줌으로써 행위 패턴을 변화시켜 결과적으로 성과를 향상시키는 작용을 한다고 본다. 기대이론은 강화이론이 가지는 '성과 – 보상 – 반응' 이라는 가시적인 연결 패턴을 넘어 개개인의 기대심리영역에까지 그 시각의 범위를 확대하는 성과를 이루어 냈다. 그러나 기대이론에서는 동기가 갖는 의미를 지나치게 단순화하여 하나의 범주로 묶어 버림으로써 내적 동기와 외적 동기가 갖는 상이한 방향성에 대한 설명력을 약화시켰다. 예를 들어 어린아이가 공부하는 것이 재미있어서 열심히 하고 있는 상황에서 부모가 성적 상승의 보상으로 돈을 주었을 경우, 아이는 '돈' 이라는 외적 자원에 의해 외적 동기가 촉발되어 오히려 공부에 대한 순수한 관심에 기반한 내적 동기가 감소할 가능성이 높아진다. 이 경우 외적 동기는 상승하지만 오히려 내적 동기는 감소하여 '동기' 라는 하나의 이름으로 아우르기에는 무리가 있고, 기대이론은 이러한 현실을 설명하는 데 한계가 있다.

(3) 대리인이론(agency theory)

한 개인에게 초점을 두고 보상의 효과성을 설명한 강화이론이나 기대이론과는 달리, 대리인이론은 조직의 다양한 이해관계자들의 상이한 요구에 주목한다. 오늘날의 조직은 여러 이해관계자들의 이익과 목표라는 날실과 씨실로 촘촘히 엮어져 있다. 이해관계자들의 이익과 목표는 상이하고 다양하지만 그들의 날실과 씨실은 이익의 극대화라는 지점에서 교차하게 되며, 이들은 이 교차점의 높이를 조금이라도 높이고자 의견을 모은다. 초기 자본주의 시대와는 달리 경영환경의 복잡성과 불확실성이 증대되면서 이해관계자들은 자신들을 대신해서 조직을 경영할 수 있는 사람을 찾아 위임자와 대리인의 관계를 맺게 되었다. 이때 위임자들(주주들)은 자산가치의 극대화를 원하는 반면, 대리인(경영자)은 특권이나 회사규모의 성장 등을 추구하여 이들의 이해관계 사이에 괴리가 생길 수 있다. 또한 분산투자를 통해 위험요소를 어느 정도 제거할 수 있는 위임자들에 비해 대리인(경영자)은 위험에 극히 민감하여 이러한 간극은 더욱 벌어진다. 조직의 성과에 있어서도 대리인들은 장기적인 성공보다는 단기적인 성과를 더 중시하는 경향이 높다. 위임자와 대리인 사이의 이러한 간극을 메우기 위해 보상이 주요 기제로 작용한다. 위임자들은 여러 형태의 보상을 통해 자신들의 이해 속으로 대리인의 이익을 중첩시키고자 한다.

이는 주주와 경영자의 관계뿐만 아니라 경영자와 조직구성원 사이의 보상 문제에도 적용 가능하다. 이 경우에는 주주와의 관계에서 대리인이었던 경영자가 위임자의 역할을 담당하게 되며 조직구성원들이 대리인으로 기능하게 된다. 위임자와 대리인의 이해관계를 동일한 맥락 속에서 존재하게 만드는 것이 관건인데, 이를 위해 위임자와 대리인은 여러 형태의 계약을 맺는다. 이를 크게 구분하면 성과 중심적 계약과 행위 중심적 계약으로 나눌 수 있다. 성과 중심적 계약은 이익이 높으면 보상도 높아지고 이익이 낮아지면 보상도 낮아지는 방식이다. 이 방식은 편리하기는 하지만 대리인의 위험 회피적 성향으로 인해 더 많은 보상을 요구할 가능성이 있다. 반면 행위 중심적 계약은 위험부담을 대리인에게 전가하지 않아 그에 대한 보상치는 감소하나 대리인을 감독하기 위한 감시비용에 대한 위임자의 부담은 증가한다. 그렇다면 조직에서는 어떠한 계약형태를 취해야 할까? 여기에는 대략 여섯 가지 기준이 있다(Noe et al., 2003: 496).

① 위험회피도(risk aversion): 대리인의 위험회피 정도가 높을 경우 성과 중심적 계약은 그리 적합하지 않다.

② 성과 불확실성(outcome uncertainty): 성과에 대한 불확실성의 정도가 높으면 보상과 성과, 위험도를 연계시키기 어려우므로 행위 중심적 계약이 일반적으로 선호된다.

③ 직무정형화(job programmability): 직무가 덜 정형화될수록 감독비용

이 증대되므로 성과 중심적 계약이 더 적합하다.

④ 측정 가능한 직무성과(measurable job outcomes): 성과에 대한 측정 가능 정도가 높아질수록 성과 중심적 계약이 적합하다.

⑤ 보상능력(ability to pay): 위험부담에 대한 충분한 보상을 할 능력이 있을 경우 성과 중심적 계약을 하는 것이 일반적이다.

⑥ 관습(tradition): 조직의 관습이나 전통이 특정 계약의 형태를 선호할 경우 그러한 계약은 지속적으로 행해지는 경향이 있다.

3 보상설계 시 고려사항

1) 보상설계의 기본원칙

이렇게 보상은 그 영향력과 효과성이 매우 크고 복잡하다. 그러므로 조직과 개인에게 바람직한 영향력을 지니고 기대하는 효과를 낼 수 있는 보상을 설계하는 것이 무엇보다 중요하다. 이를 위해서 보상을 설계하기 전에 고려해야 할 원칙에는 크게 일곱 가지가 있다(Patton, 1977).

① 적절성(adequacy): 사회 · 경제적 상황이나 정부의 관련 법규 등 제반 환경에 맞게 보상수준이 결정되고 보상 시스템이 설계되어야 한다.

② 공정성(equity): 동일한 보상철학하에서는 보상이 공정하게 이루어져야 함을 의미한다. 보상은 특히 차별에 대한 민감도가 매우 높으므로 동일한 노동 결과에 대한 비차별적인 보상을 의미하는 공정성은 보상 설계에 있어 매우 중요한 고려요소로 작용한다.

③ 균형성(balance): 균형성이란 각종 보상 시스템이 균형적으로 사용되어야 함을 의미한다. 특히 현대에는 임금이라는 화폐적 요소뿐만 아니라 다양한 보상에 대한 욕구가 높아져 각종 보상 시스템의 혼합적 형태가 일반화되어 가고 있다.

④ 경제성(cost-effectiveness): 보상이 조직구성원들의 동기부여와 조직

성과의 창출에 강력한 도구로 작용하지만, 조직이 감당할 수 있는 범위 밖의 보상은 조직의 존립기반 자체를 약화시킬 수 있다.

⑤ 안정성(security): 보상은 조직구성원에게 경제적 · 심리적 안정감을 제공할 수 있어야 한다. 안정적 보상을 통해 경제적 불안감이나 심리적 불만족을 해소함으로써 조직구성원은 자신의 직무에 몰입할 수 있다.

⑥ 자극성(incentive-providing): 보상은 조직구성원들의 직무의욕을 고취시키고 생산성을 높이는 자극제로 기능할 수 있어야 한다. 여기에는 정기적 · 고정적 보상과 더불어 특별 성과에 대한 인센티브가 포함된다.

⑦ 수용성(acceptance): 전체 조직구성원이 받아들일 수 있는 보상 시스템이어야 한다. 보상 시스템에 대한 불만족은 직무의욕의 저하나 생산성 감소뿐만 아니라 노사관계를 악화시키는 요인으로 작용하기도 한다.

2) 보상설계의 전략적 방향성

(1) 보상의 전략적 선택의 문제들

보상 시스템을 설계할 때 기본원칙뿐만 아니라 전략적 방향성을 고려함으로써 조직에 보다 적합한 보상 시스템을 도출해 낼 수 있다(Gomez-Mejia et al., 2001: 326)(〈표 Ⅰ-1〉).

① 보상철학: 내부적 공정성 vs. 외부적 공정성

'공정한 보상'은 조직구성원이 일반적으로 균등하다고 받아들일 수 있는 수준의 보상을 의미한다. 여기에는 '내부적 공정성(internal equity)'과 '외부적 공정성(external equity)'이 있는데, 내부적 공정성이 한 조직 내의 보상구조에서 인식되는 공정성을 의미한다면, 외부적 공정성은 동종 산업 내 다른 조직의 구성원들이 상대적으로 인식하는 공정성을 뜻한다. 내부적 공정성을 설명하는 이론적 틀로는 분배적 정의 모델(distributive justice model)이 사용된다. 분배적 정의 모델이란 조직구성원들이 그들이 기여한 것과 그들이 받은 보상의 정도를 판단하고 이를 조직 내 다른 구성원의 것과

〈표 I-1〉 보상의 전략적 선택 문제

판단요소	판단기준	판단내용
보상철학	내부적 공정성 vs. 외부적 공정성	· 조직 내부에서 보상수준을 어떻게 공정하게 할 것인가? · 외부노동시장과 어느 정도 맞출 것인가?
보상주기	고정적 보상 vs. 변동적 보상	· 일정한 기간마다 보상을 할 것인가? · 특정 기간을 정하지 않고 보상할 것인가?
보상 효과성	성과 중심 보상 vs. 멤버십 보상	· 성과 지향적 조직을 만들 것인가? · 협력적 조직을 만들 것인가?
보상평가 기준	직무급 보상 vs. 직능 · 성과급 보상	· 직무 특성에 근거하여 보상할 것인가? · 직무수행자의 능력에 근거하여 보상할 것인가?
보상지급 형태	금전적 보상 vs. 비금전적 보상	· 금전적 보상을 통해 외재적 만족감을 줄 것인가? · 비금전적 보상을 통해 내재적 만족감을 줄 것인가?
보상지급 과정	개방적 보상 vs. 폐쇄적 보상	· 절차적 공정성 강조를 위해 보상을 공개할 것인가? · 과도한 경쟁을 없애기 위해 비공개로 할 것인가?

자료: Gomez-Mejia et al.(2001).

비교함으로써 보상의 공정성 정도를 가늠한다는 이론이다. 이를 모형으로 나타내면 다음과 같다(Noe et al., 2003: 459).

$$\text{Output}_p / \text{Input}_p <, >, \text{or} = \text{Output}_O / \text{Input}_O?$$

만약 p쪽(즉, 비교주체)이 o쪽(즉, 비교대상)보다 약간 클 경우 보상 시스템이 공정하다고 느낀다. 조직구성원이 보상 시스템이 공정하다고 인식하면 그들의 태도나 행위에 큰 변화가 없다. 반면 o쪽이 더 크거나 p쪽이 너무 클 경우에는 보상 시스템에 대해서 불공정하다는 인식이 증대되어, 비교주체는 자신의 노동투입량을 줄이거나 성과를 줄이는 태도나 행위를 취한다. 이를 통해 비교주체는 비교대상과의 비율을 동등하게 만들어 공정성을 추

〈그림 Ⅰ-3〉 외부노동시장모델

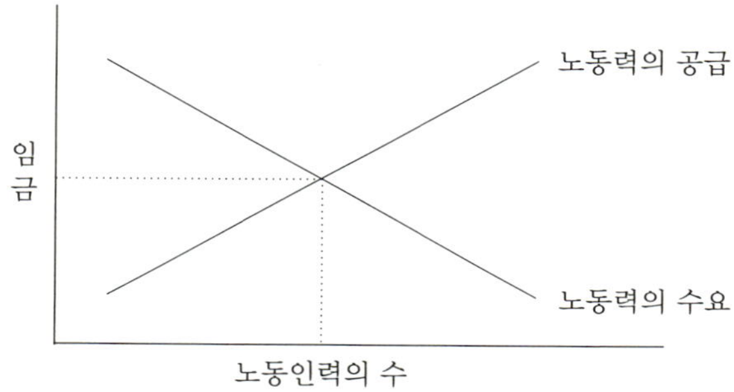

자료: Gomez-Mejia et al.(2001: 327).

구하려고 한다.

외부적 공정성은 조직 외부의 노동시장을 기준으로 하고 있기 때문에 노동시장모델(labor market model)을 통해 그 공정성을 판단한다. 노동시장모델에 따르면, 직업이나 직무에 적정하다고 설계된 보상은 시장에서의 노동력의 공급과 수요가 만나는 지점에서 형성된 것이라고 본다. 일반적으로 고용인의 수가 감소할수록(노동수요 감소) 낮은 임금으로 일하고자 하는 피고용인의 수는 증가한다(노동공급 증가)(〈그림 Ⅰ-3〉).

그러나 현실에서는 여기서 제안된 노동시장모델보다는 훨씬 복잡한 양상이 전개된다. 즉, 노동시장모델에서는 독립변수로 임금만을 고려했으나, 실제 구인 · 구직 과정에서는 여러 변수들이 다양하게 작용하므로 현실적 교차점은 이론적 모형의 교차점과 많은 차이가 날 수 있다.

② 보상주기: 고정적 보상 vs. 변동적 보상

조직은 보상의 주기를 고정적으로 할 것인지, 변동적으로 할 것인지를 결정해야 한다. 한 달이나 주 단위 등으로 일정 기간을 정해 놓고 그에 따라 보상을 지급하는 형태를 '고정적 보상(fixed pay)' 이라고 한다. 고정적 보상은 일반적으로 경영자와 조직구성원의 위험을 감소시키기 때문에 대부분의 조직들이 선택하고 있다. 반면 기간에 상관없이 미리 정해진 기준에 의거해서 필요에 따라 지급하는 보상을 '변동적 보상(variable pay)' 이라고 하는데, 변동적 보상은 개인성과급, 팀성과급, 이익배당금, 주식 보유 프로그램 등으로 그 형태가 매우 다양하다. 대개의 경우 고정적 보상의 비율이 낮을수록 위험부담은 증가하는데, 이는 위험부담의 크기를 더 많은 보상으로 상쇄하려는 목적 때문이다. 일반적으로 변동적 보상이 조직구성원의 사기를 진작시키는 핵심요인으로 생각되는데, 항상 그러한 효과를 나타내는 것은 아니므로 고정적 보상과 변동적 보상의 비율을 조직의 환경과 성격에 따라 적절히 조정할 필요가 있다.

③ 보상효과성: 성과 중심 보상 vs. 멤버십 보상

조직은 보상을 설계할 때 보상이 지니는 효과성 또한 미리 염두에 두어야 한다. 보상의 효과에는 크게 성과 창출과 멤버십 향상이 있는데, 성과 중심의 보상(performance pay)은 업무성과 향상을 목적으로 개별 조직구성원이 수행한 과업의 성과에 따라 보상하는 것을 말한다. 성과 중심의 보상을 통해 조직은 개별 조직구성원의 성과 향상을 도모하여 조직 생존의 바탕을 마련하며, 이를 통해 조직구성원들은 더 많은 보상을 받게 되는 선순환적 고리를 형성하게 된다.

멤버십 보상(membership pay)은 조직과 집단의 멤버십을 강화할 목적으로 조직성과나 집단성과를 구성원들에게 동등하게 제공하는 것을 말한다. 멤버십 보상은 개별 조직구성원들의 생산성에만 입각해서 보상할 때 생길 수 있는 지나친 경쟁이나 협동의 저해 등의 문제점을 집단과 조직의 응집성 강화를 통해 해결하고자 한다.

이렇게 볼 때 성과 중심의 보상은 조직구성원들의 개별적 성과 증대에, 멤버십 보상은 집단 차원의 성취 지향에 강점을 지니고 있으므로 조직의 특성이나 조직구성원의 성향, 최고경영자의 지향점 등에 따라 상호 보완적으로 혼합하여 사용하는 것이 바람직하다.

④ 보상평가기준: 직무급 보상 vs. 직능 · 성과급 보상

개별 조직구성원의 보상평가기준을 직무로 할 것인지, 개인의 능력이나 성과에 따를 것인지를 결정하는 것을 말한다. 산업사회에서는 개인의 직무 수행능력보다는 개별 직무의 가치에 따라 개인을 평가하는 경향이 강했다. 이 경우 직무가 보상기준의 주체가 된다. 하지만 점차 개인의 능력이나 성과의 달성 여부가 직무의 가치보다 중시되면서 개별 구성원의 능력 자체가 보상기준의 주체가 되어 가고 있다. 특히 다양하고 유연한 업무방식이 요구되는 분야에서는 직능 · 성과급 보상(skill-based pay)이 개별 구성원들의 근로의욕을 고취시키는 데 큰 효과를 발휘할 수 있다. 반면 역할분담이 명확하고 단순업무적 성격이 강한 제조업의 경우에는 직능이나 성과에 기반한 보상보다는 직무에 의한 보상(job-based pay)이 더 효과적이다.

⑤ 보상지급형태: 금전적 보상 vs. 비금전적 보상

보상을 지급할 때 구체적으로 어떠한 형태로 할 것인지를 판단한다. 금전적 보상(momentary rewards)은 화폐형태의 임금뿐만 아니라 미래에 현금화할 수 있는 주식까지도 아우르는 개념이다. 반면 비금전적 보상(nonmomentary rewards)은 권한 증대나 상사의 인정 등 주로 무형적인 보상을 일컫는다. 보상과 관련해서 오래된 논쟁 중의 하나가 금전적 보상과 비금전적 보상 중 어느 것이 더 큰 영향력을 갖는가 하는 것이다. 많은 조사에서 임금이 매우 중요하다고 답한 응답자의 비율은 매우 낮은 것으로 보고되고 있다. 최근 미국에서 실시한 연구에 따르면 응답자의 단 2%만이 임금이 가장 중요하다고 답했다고 한다(Gomez-Mejia et al., 2001: 332). 이러한 결과에 대해 임금 옹호자들은 사람들이 임금 자체가 주는 만족감과 임금을 통해 획득할 수 있는 여러 가지 자원을 통해 얻는 만족감을 구분지어 생각하기 때문이라고 해석한다. 이들은 임금이 제 자원들을 획득할 수 있는 매개체가 되므로 임금이 주는 만족감의 범위를 확대할 경우 임금의 중요성에 대한 수치는 매우 높아질 것이라고 주장한다. 일반적으로 적대적 노동시장에서는 금전적 보상의 가치가 높아지고, 상대적으로 안정된 노동력을 확보할 수 있는 조직의 경우에는 비금전적 보상의 비중을 높이는 경향이 있다.

⑥ 보상지급 과정: 개방적 보상 vs. 폐쇄적 보상

조직은 보상에 대한 수준과 결정을 조직구성원들에게 공개할 것인지 공개하지 않을 것인지를 판단해야 한다. 대부분의 조직들이 구성원들과 보상에 대한 논의를 활발히 함으로써 개방적 보상(open pay)을 실시한다. 이와는 반대로 어떤 조직에서는 조직구성원들에게 그들의 임금수준을 다른 동료들에게 알리지 않도록 서약을 받기도 한다. 이는 폐쇄적인 보상(secret pay)의 극단적 형태라 할 수 있다. 각 조직들은 나름대로의 특성과 환경에 맞게 개방적 보상과 폐쇄적 보상이라는 수직선상의 어떤 점 위에라도 위치할 수 있다. 대개의 경우 조직구성원들은 보상의 공정성에 대해 매우 민감하므로 개방적 보상을 통해 그 결과가 자신에게 비록 호의적이지는 않더라도 공정성에 대한 의심을 제거할 수 있다. 그러나 조직환경이 매우 경쟁적일 경우 개방적 보상은 구성원들 간의 갈등과 적대감을 불러일으킬 수 있는 원인이 될 수도 있다.

(2) 보상 시스템의 전략적 관점

앞서 논의한 보상의 전략적 선택의 문제들을 고려할 때 보상 시스템은 기본적으로 조직 전체의 전략적 관점과 일치해야 효과를 제대로 발휘할 수 있다. 이와 더불어 보상 시스템은 사업전략과의 연계를 통해 경쟁우위를 확보하는 데 중추적 역할을 담당한다(〈그림 Ⅰ-4〉).

만약 그 조직의 전략이 혁신이라면 제품 리더십과 혁신주기가 주요 사업방향이 되어 HR 프로그램 역시 이에 맞는 위험을 감수할 수 있는 혁신적 인재를 찾고 양성하는 데 초점을 두게 된다. 이에 따라 보상 시스템도 시장기준의 임금을 제공하되 혁신에 대한 성과급의 비중을 높이는 쪽으로 설계하는 것이 바람직하다.

반면 비용절감, 즉 효율성에 전략의 초점을 맞출 경우 비용을 절감하기 위해 운영을 혁신하는 쪽으로 사업의 방향을 정할 것이며, 저투입 · 고산출을 위해 경쟁업체의 노무비가 주요 고려요소가 되며 작업의 전문화에 따라 변동임금이 증대되는 방향으로 보상 시스템이 설계된다.

〈그림 Ⅰ-4〉 보상 시스템의 전략적 관계

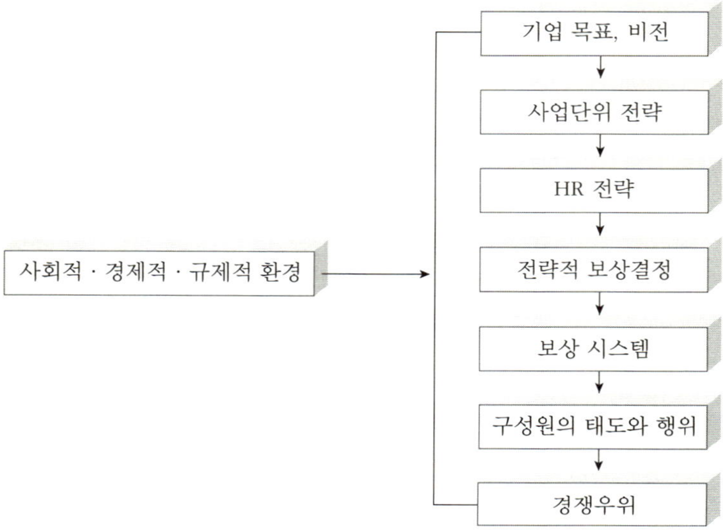

자료: Milkovich & Newman(1999).

〈그림 Ⅰ-5〉 보상 시스템과 전략의 연계

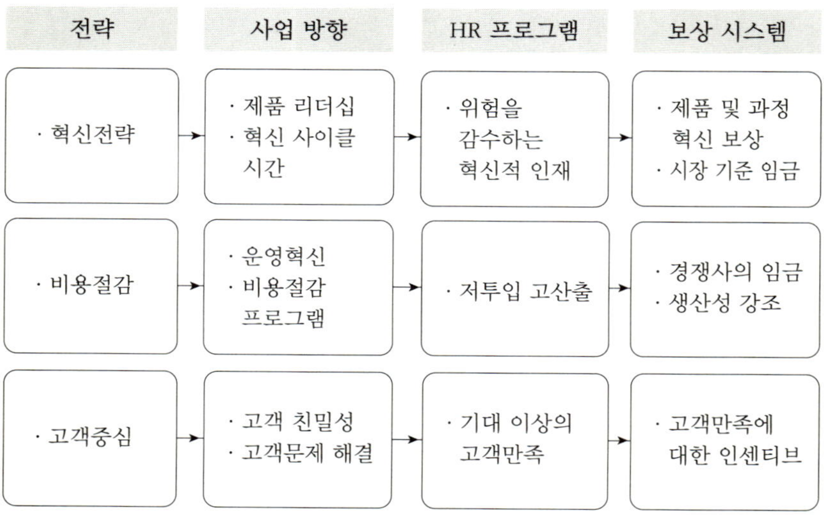

자료: Milkovich & Newman(1999).

고객 중심적인 전략을 세울 경우 고객의 문제해결이나 고객과의 관계형성이 중요해지므로 고객과의 접촉에 중요한 기술을 지닌 구성원에게 고객만족에 대한 인센티브를 제공하는 쪽으로 보상 시스템을 설계하는 경우가 많다(〈그림 Ⅰ-5〉).

이처럼 보상 시스템은 전략과 사업방향 등과 연계해서 설계되어야 한다. 특히 임금의 경우는 보상 시스템의 핵심이라 할 수 있으므로, 보상 시스템을 설계하기에 앞서 임금에 대한 이해가 요구된다.

(3) 임금

① 임금의 정의

임금 혹은 급여는 조직구성원이 조직에 자신의 노동력을 제공하고 이에 대한 대가로 받는 금전적 · 비금전적 금품을 아우르는 개념이다. 여기에서 금품이란 직접적 화폐적 보상인 금전적 금품뿐만 아니라 스톡옵션으로 지급되는 주식과 같은 비화폐적 금품까지를 포함한다.

② 임금의 결정요인

임금을 결정하는 요인으로는 크게 조직 외부적 요인과 조직 내부적 요인(Ochsner, 1990), 그리고 개인별 차별적 요인(Mankiw, 1998)으로 나누어 볼 수 있다. 조직 외부적 요인으로는 정부의 임금통제나 외부노동시장의 상황, 산업 내 임금수준, 노동조합의 요구 등이 있다. 조직의 내부적 요인으로는 조직 자체의 지급능력이나 경영층의 임금에 대한 인식이나 태도가 속하며, 개인별 차별적 요인으로는 조직구성원의 상대적 가치나 교육의 신호(signal) 정도가 해당된다.

③ 임금수준

임금수준(pay level)이란 고용자가 지불하는 임금비율의 평균을 뜻하는데, 임금수준은 기업의 경쟁력에 큰 영향을 미치는 요소이다. 이는 높은 임금수준이 생산비용의 증대로 이어지기 때문이다. 중국을 비롯하여 베트남이나 캄보디아에 유수의 기업들이 몰려들고 있는 이유도 자국의 임금수준의 압박을 피해 임금수준이 낮은 곳으로 생산시설을 이전함으로써 생산비용을 절감하고 이를 기업의 경쟁력과 연결시키려는 목적 때문이다. 물론 임금수준을 결정할 때에는 단순히 임금수준뿐만 아니라 경력개발의 가능성이나 권한 증대와 같은 비경제적 요소까지도 복합적으로 고려한다.

④ 임금구조

임금구조(pay structure)란 단일 조직 내에 작업 또는 기술에 따른 임금비율의 배열을 의미한다. 임금구조는 직급 또는 자격 등급 간 임금의 차이에 초점을 두고 있다. 조직구성원이 받는 임금은 각 조직의 선택에 따라 다양한 형태를 띨 수 있으나, 기본적으로 기본임금(기본급 + 성과 보너스 + 각종 수당)과 상여금으로 나눌 수 있다. 기본급에는 연공급과 직무급, 직능급 등이 있으며, 성과 보너스에는 성과급이 있다. 각종 수당에는 지급수당이나 생활수당, 특별수당 등이 있으며, 상여금에는 장려금이 대표적이다(〈그림 Ⅰ-6〉). 앞서 언급한 보상설계의 기본원칙들과 전략적 선택의 문제들, 전략과의

〈그림 Ⅰ-6〉 임금의 구조

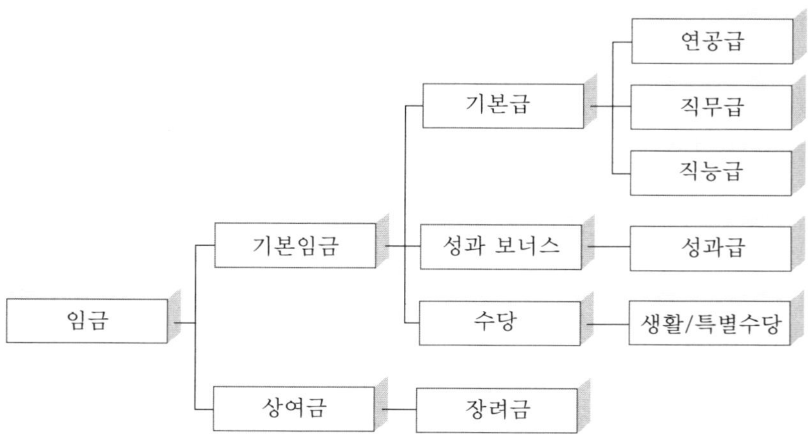

자료: 이진규(2002).

〈표 I-2〉 임금결정기준의 유형

결정기준	임금체계
직무 가치	직무급
종업원 가치	연공급 스킬 위주의 임금 역량 위주의 임금
결과 가치	개인별 인센티브 조직 단위의 보너스

자료: 황규대(2002).

연계성, 임금에 대한 이해를 통해 보상 시스템에 대한 전반적인 밑그림이 그려졌다면 구체적인 보상설계로의 이행이 가능해진다.

4 보상의 설계와 운영

조직 전체의 전략적 방향성과 기본원칙들, 전략적 선택의 문제 등의 고려를 통해 자신의 조직에 맞는 보상 유형들이 어느 정도 윤곽을 드러냈다면, 구체적인 보상의 형태들을 살펴봄으로써 어떻게 설계하고 운영할 것인가에 대한 답을 얻을 수 있다.

1) 연공급(seniority-based pay)

연공급은 임금을 근속 연수에 비례해서 지급하는 방식을 말한다. 근무 연수가 증가할수록 임금도 증가한다. 이는 개인의 근속 연수와 개인의 성과가 동일하게 간주되어 보상이 주어지는 형태이다. 연공급은 조직구성원의 종신 고용을 가정하고 있으므로 기본적인 생활급이라고 칭할 수 있겠으나, 오늘날 노동시장의 유연성이 높아지면서 연공급에 기반한 조직들이 고전을 면치 못하자 연공급에 대한 비판의 목소리가 높아져서 연공급만을 채택하는 국가들의 수가 급감했으며, 1997년 외환위기 이후로 우리나라 역시 연공급의 비중이 현저히 줄어드는 경향을 보이고 있다. 연공급의 장점은 조직구성원의 고용안정과 생활안정을 이룰 수 있고, 이를 통해 조직에 대한 애착이나 헌신이 증대되는 효과가 있으나, 성과 향상에 대한 인센티브가 적기 때문에 근속 연수가 증가할수록 생산성에 대비하여 인건비 지출을 높여 조직의 발전과 성장에 오히려 걸림돌로 작용하는 부작용도 있다. 이런 이유로 오늘날 대부분의 조직에서는 보상 시스템으로 연공급만을 사용하지 않고 다양한 보상형태를 혼합하여 사용하는 것이 일반적이다.

2) 직무급(job-based pay)

직무급은 직무의 중요성과 난이도에 따라 임금을 지급하는 방식을 말한다. 직무급은 직무의 상대적 가치가 그 기준이 되므로 직무급을 적용할 때에는 차별적인 임금격차에 대해 조직구성원들이 공정하다고 받아들이고 인정하는 것이 매우 중요하다(Gomez-Mejia et al., 2001: 336).

(1) 직무급의 설계

① 내부적 공정성의 확보: 직무평가

내부적 공정성을 확보하기 위해서 보통 직무평가를 시행하는데, 직무평가는 그 직무를 수행하는 조직구성원을 배제하고 직무가 가지고 있는 그 자체의 가치와 특성에 근거해서 평가하는 것이다.

㉠ 제1단계 직무분석의 수행: 직무분석은 해당 직무의 과업과 의무, 책임이 무엇인가를 규명하는 작업으로 직무의 상대적 가치를 평가하는 데 있어 가장 우선적으로 수행해야 한다. 경영자들은 직무평가를 통해 직무의 상대적 가치를 결정하고 이에 비례해서 임금을 지불하고자 한다. 이런 과정을 통해 임금구조가 형성된다. 이렇게 형성된 임금구조는 직무의 상대적 가치에 비례한 임금차이를 반영하므로 직무의 가치평가부

터가 매우 신중히 이루어져야 한다.

ⓛ 제2단계 직무기술서의 작성: 직무평가의 두 번째 단계는 해당 직무의 과업, 의무나 책임, 작업조건이나 필요 자격요건 등이 포함된 직무기술서를 작성하는 것이다.

ⓒ 제3단계 직무명세서의 작성: 직무평가의 세 번째 단계는 직무수행을 위해 필요한 업무기술과 지식, 교육수준과 형태, 경험 정도 등을 기록한 직무명세서를 작성하는 것이다. 직무명세서는 어떤 자격을 가지고 있는 인력이 직무를 행하는지를 파악하는 데 도움을 준다.

ⓓ 제4단계 모든 직무에 대한 가치평가: 앞의 세 가지 단계의 직무평가를 고려해서 실제 직무의 상대적 가치를 평가하는 단계이다. 해당 직무의 난이도나 가치를 다른 직무들과 비교함으로써 그 가치를 파악한다. 대부분의 경우 인사 담당자를 포함하여 대략 3~7명의 관리자들이 협의하여 결과를 도출해 낸다. 이렇게 나온 결과를 외부 전문가를 통해 검증받고 나면 직무평가 결과에 대한 객관성을 높일 수 있다. 이와 더불어 조직은 '보상할 만한 요소(compensable factors)'를 찾아서 이를 직무가치평가에 적극 고려해야 한다. 여기서 '보상할 만한 요소'란 다른 직무들의 상대적 가치를 평가할 때 조직에서 가장 중요하게 고려하는 업무 관련 기준을 말하는데, 최근 지식사회가 도래하면서 보상할 만한 요소로서 최우선으로 고려되는 것이 바로 '지식'이다. R&D에 관련된 인력들이 높은 임금을 받는 것도 이러한 맥락에서 이해할 수 있다. 물론 지식 이외에도 조직이 속해 있는 환경과 조직이 가진 특성에 따라 보상할 만한 요소는 차이가 날 수 있다.

ⓜ 제5단계 직무계층의 결정: 일반적으로 조직 전체에서 수행하고 있는 직무에 순위를 매겨 4단계로 구분하는데, 이를 통해 가장 중요한 직무에서부터 상대적으로 덜 중요한 직무까지의 직무계층을 한눈에 파악할 수 있다. 이렇게 나뉜 직무계층을 토대로 등급을 나누어 어느 직무에 임금이 얼마만큼 할당되어야 하는가를 결정한다.

② 외부적 공정성의 확보: 외부노동시장 조사

외부적 공정성은 해당 조직의 임금수준과 동일 직무에 대해 동종 산업 내 다른 조직에서 제공하는 임금수준을 비교하여 얻어진다. 외부적 공정성의 확보는 조직에서 수행하는 업무들 중 내부적으로는 그 가치를 평가하기 힘든 직무의 가치를 가늠할 때 매우 유용하다. 또한 외부노동시장을 조사함으로써 해당 직무를 수행하는 구성원이 느낄 수 있는 외부 불공정성을 미연에 방지하는 효과가 있다.

㉠ 제1단계 외부노동시장에서의 직무에 대한 가치평가: 우선 외부노동시장에서 조직의 직무에 해당되는 등급과 임금수준을 파악하기 위한 사전작업으로서 외부노동시장의 해당 직무에 해당하는 임금수준을 알아야 한다. 이때 앞서 보았던 내부적 공정성을 확보하기 위한 방안에서 도출된 직무계층을 활용하여 동종 업계 다른 조직의 임금수준과 비교해 본다. 이를 통해 조직 내 직무에 대한 적정한 임금수준을 가늠할 수 있다. 이 작업은 주로 벤치마킹(benchmarking)을 통해 이루어지는데, 벤치마킹은 단순히 임금수준을 비교하는 차원에서 한 발 더 나아가 다른 조직의 직무와 임금 시스템의 장점을 받아들일 수 있는 호기로 작용한다.

㉡ 제2단계 임금정책의 수립: 조직 내부에서 직무가 가지는 상대적 위치와 외부노동시장에서의 직무의 위치나 임금수준 등을 고려해서 실제 임금수준을 결정한다. 조직 내부의 등급과 외부노동시장에서의 임금수준의 고려는 조직의 보상범위, 즉 최저임금과 최고임금을 결정한다.

③ 개인적 공정성의 확보: 보상범위 내에서의 포지셔닝 기준

조직이 각 직무에 대한 보상범위를 결정함으로써 임금구조가 완성되면, 이제 개인적 공정성을 확보하기 위한 기준들을 검토해야 한다. 이 작업을 통해 개인의 급여가 결정된다. 개인의 급여는 개인의 업무 자질과 근속 연수, 경험의 정도 등을 고려하여 보상범위 내에서 결정하는 것이 일반적이다. 이렇게 개인의 능력을 보상결정에 고려함으로써 직무 편향으로 인해 발생

〈그림 Ⅰ-7〉 직무급의 설계

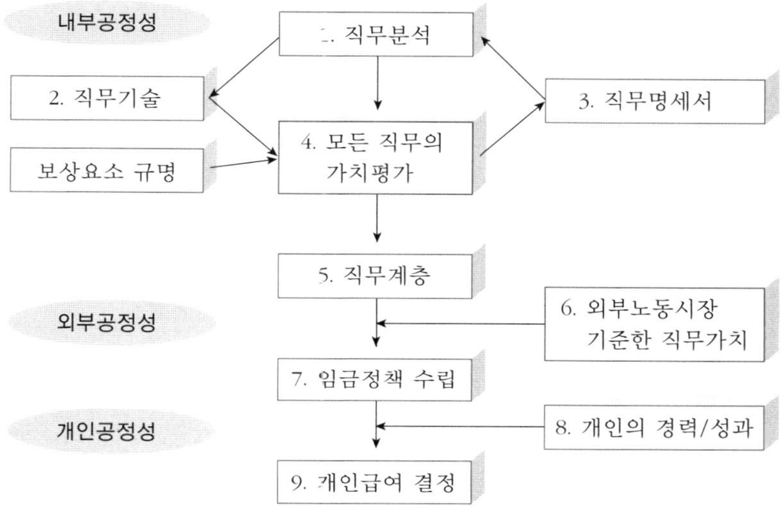

자료: Gomez-Mejia et al.(2001: 337).

할 수 있는 불공정성 문제를 줄일 수 있다(〈그림 Ⅰ-7〉).

(2) 직무급의 장단점

직무급은 비교적 객관적이고 합리적일 뿐만 아니라 조직구성원들의 불만을 최소화할 수 있다는 장점 때문에 널리 활용되고 있다. 그뿐만 아니라 다른 보상형태와 비교할 때 상대적으로 설계하기가 용이하다. 그러나 직무급은 세부적으로 자체 결함을 가지고 있으므로 직무급을 계획한 후 평가할 때 다음과 같은 점을 유념해서 이를 보완할 필요가 있다(Gomez-Mejia et al., 2001: 345).

① 직무급은 조직 자체의 특성이나 고유한 문제들을 간과하기 쉬우므로 직무급에 대한 과도한 편중으로 인해 해당 조직과 무관한 보상 시스템을 양산하는 경우가 빈번히 발생한다. 이를 막기 위해 직무급에 대한 계획을 세운 후 반드시 조직 자체의 특성을 고려하는 과정이 수반되어야 한다.

② 직무급에서 직무평가 시에 가장 주의할 것은 객관성의 확보이다. 초기에 의도했던 바와는 다르게 직무급 설계 과정에서 주관성의 개입이 두드러져 바라던 효과를 제대로 얻지 못하는 경우가 많다. 그러므로 설계 과정 전반에서 인사 담당자와 외부 전문가를 활용해 객관성을 최대한 확보하려는 노력이 절실히 요구된다.

③ 직무급의 경우 해당 조직에 계층이 너무 많을 경우 시행 효과가 감소한다. 조직 등급 안에 과도한 직무가 포함되어 있으면 개인의 자체 공헌도를 측정하는 데 어려움이 있으므로 조직에 계층이 많을 경우 직무급의 비중을 줄이는 것이 더 바람직하다.

④ 제조업의 비중이 축소되고 서비스 중심적인 경제체제로 이행하면서 각 직무들은 보다 넓은 범위에서 정의되고 있다. 이에 따라 직무기술서나 직무명세서도 세부적인 것보다는 포괄적인 것을 다룸으로써 직무의 상대적 가치를 평가하는 데 있어 정확한 가치평가에 어려움을 겪을 수 있다.

⑤ 직무급은 자칫 관료적이 되거나 경직될 가능성이 높다. 일단 내부적으로 임금구조가 형성되면 이를 바꾸기 어렵다. 이러한 상황이 지속되다 보면 어느새 급변하는 조직의 외부환경에 적응하고 대응하기 힘들게 되는 경우에 직면하게 된다.

(3) 실행을 위한 제언

이러한 결함이 있음에도 비용 대비 효율성이나 적용 가능성이 높기 때문에 직무급은 널리 활용되고 있다. 그렇다면 어떻게 하면 이러한 결함들을 최소화할 수 있을까?(Gomez-Mejia et al., 2001 : 346)

① 임금 관련 정책을 결정할 때 전략적으로 사고하라

설계방법론은 말 그대로 도구이지 그 자체가 목적이 아니다. 조직은 사업 방향과 인적자원 개발 프로그램과 정합적인 보상정책 결정의 도구들을 선별하고 이를 취사선택해서 적극 활용해야 한다.

② 조직구성원의 투입량을 확실히 하라

조직구성원들이 가질 수 있는 직무가치에 대한 불만족을 줄이기 위해서는 그들이 보상의 설계와 운영에 대해 자신의 목소리를 낼 수 있는 통로를 마련해 줄 필요가 있다. 단적인 예로 컴퓨터를 이용하여 각자의 직무에 대한 자세한 직무기술서와 직무명세서, 각자의 투입량에 대한 정보를 제공하여 비교하게 함으로써 조직구성원 스스로 자신의 위치를 파악할 수 있게 할 수 있다. 또한 의견 제시의 통로를 다련하여 보상의 설계와 운영에 참여하고 있다는 인식을 심어 줄 수 있다.

③ 책임의 범위를 확장하면서 해당 직무의 범위 또한 넓혀라

이 접근법은 흔히 광대역화(broadbanding) 혹은 직무 묶음(job banding)으로 불린다. 이는 관련된 직무들을 더 넓은 범주로 묶어 직무명세서를 기술하는 것으로, 기존 직무급의 단점이었던 유연성 부족을 보완하고 보상구조의 변화 없이 성과자들에게 보상을 해 줄 수 있는 방안으로 여겨지고 있다.

④ 목적에 부합한 효과를 내고 있는지 정기적인 통계자료를 이용해 분석하라

훌륭한 보상 시스템을 설계했다 하더라도 조직 외부의 환경이나 상황에 따라 의도했던 결과가 나오지 않을 가능성은 항상 존재한다. 그러므로 정기적으로 보상 시스템에 따른 결과치를 통계화하여 이를 분석하는 작업을 통해 끊임없이 보상 시스템을 갱신해야 한다.

⑤ 변동 가능한 임금의 비율을 확대하라

성과급이나 스톡옵션과 같은 변동 가능한 급여는 직무급을 통해 유발될 수 있는 조직의 비유연화를 예방하며 해고에 의존하지 않고 비용을 절감할 수 있는 이점이 있으므로 이에 대한 비율을 확대할 필요가 있다.

⑥ 조직구성원들의 다양한 유형에 따른 이중 경력 사다리를 만들어라

경력을 높이거나 승진할 수 있는 활로를 다양화함으로써 해당 직무의 보

상에만 머물러 자기계발의 노력을 등한시하는 문제를 해결할 수 있다.

3) 직능급(skill-based pay)

직무급과는 달리 직능급은 보상의 기준으로서 직무를 수행하는 사람의 능력이나 기술을 고려하는 보상 시스템이다. 모든 조직구성원은 동일한 임금수준에서 출발하지만 자신이 습득한 업무기술이나 지식, 능력이 증가함에 따라 임금 역시 상승하는 방식이다. 이 경우 근속 연수나 수행 직무가 같더라도 개인이 어떠한 역량을 가지고 있느냐에 따라 받는 임금은 달라진다. 그러므로 직능급은 주로 소규모나 기술 지향적인 벤처기업과 같은 조직에서 많이 활용된다.

(1) 직능급의 설계 시 고려사항

직능급은 개인의 업무능력을 기준으로 임금이 결정되므로 이를 평가하기 위해서는 크게 다음과 같은 세 가지 점을 고려해야 한다(Gomez-Mejia et al., 2001: 347).

① 업무기술의 깊이

조직구성원이 특별한 기술을 심도 있게 습득하여 해당 분야의 전문가가 되느냐에 따라 임금수준이 결정된다. 오늘날 각광을 받고 있는 식스 시그마(six sigma)를 채택하고 있는 조직들에서 어떤 색의 시그마 벨트를 따느냐에 따라 다른 보상의 수준을 제시하는 것이 그 대표적인 경우이다.

② 업무기술의 수평적 범위

조직구성원이 직무수행에 필요한 다양한 영역의 업무기술을 얼마나 습득했느냐에 따라 보상수준이 결정된다. 중국 바이어들을 상대하기 위해 중국어 학습에 매진하여 유창한 중국어를 통해 계약을 성사시킨다면 그 사원의 보상수준은 상승한다.

③ 업무기술의 수직적 범위

조직구성원 스스로가 자신의 업무기술을 관리함으로써 임금수준을 결정함을 의미한다. 이들은 각자의 직무를 수행하기 위해 작업일정을 수립하고, 조정하며, 훈련과 개발을 하고, 리더십을 발휘하면서 특정 과업을 수행한다. 일반 사원보다 직급이 높을수록 많은 임금을 받는 것은 성과 자체만이 아니라 그 과업을 수행하는 과정에서 조직구성원들을 조직화하고 조정하는 리더십에 대한 보상까지 포함되어 있기 때문이다.

(2) 직능급의 장단점

직능급은 조직구성원의 업무기술 습득 정도와 개별 능력에 따라 임금수준이 결정되므로 조직구성원들에게 자기계발과 훈련에 대한 동기를 부여한다. 할당된 직무의 과업을 수행하는 것만으로는 높은 수준의 임금을 얻을 수 없으므로 자연히 조직구성원 개개인의 학습의욕이 증대된다. 이러한 자기계발의 분위기는 조직 전반에 영향을 미쳐 조직 전체가 학습조직화되는 결과를 얻을 수 있다. 이러한 학습조직으로의 이행은 변화에 유연하게 반응하고 대응할 수 있으므로 조직의 경쟁력을 높일 수 있는 좋은 방안이 된다. 이와 더불어 조직구성원들의 직무 다양성을 실현하여 결근과 이직률을 감소시킬 수 있다.

그러나 직능급은 개별 조직구성원의 능력을 어떻게 평가할 것인가에 대한 평가의 공정성에 대한 비판으로부터 자유로울 수 없다는 단점도 지니고 있다. 조직구성원들은 자신들의 임금수준을 높이기 위해 조직에 업무 습득을 위한 여러 가지 훈련 · 개발 프로그램 등을 요구할 가능성이 높다. 이 경우 조직구성원들에게 제공되는 교육이나 훈련의 기회가 동등해야 하나, 조직구성원들의 요구를 모두 충족시키기란 불가능하므로 자연히 불공정성에 대한 불만이 터져 나오는 일이 자주 발생한다. 또한 학습조직으로의 이행은 조직 전체의 문제해결력을 고양시키지만, 그러한 목적을 달성하기 위해서 조직은 개별 조직구성원과 팀, 그리고 조직 전체의 교육 · 훈련비용을 지속적으로 감당해야 한다. 이와는 반대로 임금구조상 가장 상위에 속하는 조직구성원들의 경우 훈련이나 교육을 통해 더 이상의 임금 인상이 가능하지 않다고 판단될 경우 지체 없이 그 조직을 떠나거나 조직에 남아 있더라도 자기계발에 대한 동기부여를 받지 못해 정체될 수 있다.

(3) 실행을 위한 제언

이처럼 직능급 역시 개별 구성원들을 평가의 주체로 삼기는 했지만, 그 자체가 결코 만병통치약은 될 수 없다. 조직구성원에 대한 교육비용이 생산성을 넘는 주객전도의 현상이 일어나지 않기 위해서는 무엇보다 전체적인 인적자원전략과 궤를 같이하여 직능급의 비중을 조정할 필요가 있다. 특히 성장 중에 있는 소규모 조직이나 위험 대비 수익성이 큰 벤처기업과 같은 조직은 직능급의 비중을 늘리는 것이 바람직하며, 공공기업이나 관료적 직무체계를 가지고 있는 규모가 큰 조직의 경우에는 직능급의 비중을 낮추는 것이 좋다.

4) 성과급(performance-based pay)

조직구성원들의 업무성과를 기준으로 임금수준을 결정하는 방식을 성과급이라고 한다. 성과급은 업무성과를 기초로 임금을 산정하기 때문에 조직의 관점에서는 조직 발전의 촉진제로서 간주하고 이를 선호한다. 그러나 조직구성원들은 성과급 자체가 가지고 있는 변동적 속성 때문에 불안감을 느끼기 쉽다. 이런 이유로 조직구성원들은 안정적인 고정급을 선호하는 경향이 있다. 성과급은 개인의 성과를 기준으로 하는 개인성과급과 팀의 성과를 기준으로 하는 팀성과급, 전체 조직의 성과를 기준으로 하는 조직성과급 등 그 유형이 매우 다양하다. 이들 각각의 보상 시스템은 강점과 취약점을 동시에 지니고 있으므로 대개의 경우 이들 성과급들을 혼합하여 사용한다 (Gomez-Mejia et al., 2001).

(1) 개인 기준 성과급

미시적 수준에서 대부분의 조직들은 개인 성과를 기준으로 임금수준을 결정한다. 개인 기준 성과급은 성과급의 유형 중 가장 널리 쓰이는 형태로, 대체로 세 가지 하위요소로 구성되어 있다.

① 유형

㉠ 업적급(merit pay): 업적급은 개인 기준 성과급에서 가장 많이 사용되는 방식으로, 보통 1년에 한 번씩 기본급에서 평가받은 업무성과에 따라 증가된다. 업적급은 우리나라에서 현재 보급되고 있는 연봉제와 거의 같은 성과급제도인데, 인상률 수준이나 구조에서 약간 차이가 난다. 일반적으로 직속 상사가 성과평가 질문서에 기술된 '매우 우수', '우수', '보통', '저조', '매우 저조' 등에 표시하고 이를 바탕으로 기본급 인상률을 조정한다. 전형적인 인상률은 〈표 Ⅰ-3〉과 같다(김성수, 2000).

업적급은 고과 성적이 가장 좋은 사람과 가장 나쁜 사람 사이에 급여 차이가 6~8% 정도 나는 것이 일반적이기 때문에 조직구성원에게 동기부여를 제대로 해 주지 못한다는 비판이 많아 현재 미국기업에서는 그다지 많이 사용되지 않는다.

㉡ 보너스(bonus): 총액임금(lump-sum payment)이라고도 불리는 보너스는 보통 개별 조직구성원의 특별한 업무성과에 대한 추가적 보상이라고 정의된다. 즉, 조직구성원의 고과성적 혹은 기업의 성과에 따라 연말에 지급되며, 다음 해에 고과성적 혹은 기업성과가 좋지 않으면 지급되지 않는다. 기본급 인상이 누적적으로 계속 발생하는 업적급에 비

〈표 Ⅰ-3〉 업적급의 전형적 인상률

구분	매우 우수	우수	보통	저조	매우 저조
고과성적	1	2	3	4	5
기본급인상률	6%	5%	4%	3%	0%

해 보너스는 해마다 성과에 따라 지급되므로 임금인상 효과가 누적되지 않으면서 동기부여 효과가 뛰어나 많은 기업들이 업적급의 대안으로 보너스를 적극 활용하는 추세이다.

ⓒ 상(rewards): 보너스와 같이 일시적 보상이나, 보너스와는 달리 직접적 임금의 형태가 아니라 재화의 형태로 지급되는 성과급을 일컫는 것으로, 개인의 우수한 성과를 장려하고 보상하기 위한 제도라고 할 수 있다. 매년 판매여왕에게 빨간 캐딜락 승용차나 다이아몬드를 지급함으로써 화장품 판매 부분에서 놀라운 성장을 거둔 Mary Kay사의 경우가 그 대표적인 예이다.

② 개인 기준 성과급의 기법들

개인 기준 성과급은 업무성과에 따라 임금비율을 달리하는 성과급 배율제(piece-rate plan)에 기반하고 있다. 성과비율은 생산량을 기준으로 하는 생산량 기준 성과급과 시간을 기준으로 하는 시간 기준 성과급으로 크게 나누어 볼 수 있다. 생산량 기준 성과급에는 단순성과급, 테일러식 복률성과급, 메릭식 복률성과급이 있다. 시간 기준 성과급에는 표준시간급과 할증급이 있다(〈표 Ⅰ-4〉).

㉠ 생산량 기준 성과급

· 단순성과급(straight piecework): 개별 조직구성원이 생산하는 제품의 단위당 생산량에 고정된 임금비율을 곱하여 임금수준을 결정하는 방식이다.

· 테일러식 복률성과급(Taylor's differential piece rate system): 표준과업량을 기준으로 두 종류의 임률을 제시하여 표준작업량을 달성한 구성원이 유리한 임률을 선택하게 하는 방식으로, 과학적 관리기법의 창안자인 테일러가 고안하였다.

· 메릭식 복률성과급(Merrick multiple piece rate system): 두 가지 임금비율을 제시한 테일러식 복률성과급과는 달리 메릭식은 표준생산량을 83%, 83~100%, 100%로 구분하여 임금을 제공하는 방식이다. 이는 초보자에게도 인센티브를 주기 위해 테일러식 복률성과급을 보완한 방

〈표 I-4〉 개인 기준 성과급의 기법들

임금비율 결정방식	단위기간 동안 생산량	생산단위당 소요시간
생산수준과 임금과의 관계	단순성과급: 생산량과 임금수준이 비례	표준시간급
	복률성과급: 생산 수준에 따라 다른 임금수준	할증급(변형 시간급)

자료: Milkovich & Newman(1999).

〈표 I-5〉 생산 기준별 성과급의 예

성과급	생산량	임금
단순성과급	50개	50만 원
	60개	60만 원
테일러식 복률성과급	50개 미만	40만 원
	50개 이상	60만 원(표준임률의 120%)
메릭식 복률성과급	42개 미만(83%)	35만 원(표준임률의 70%)
	42~50개(83~100%)	50만 원(표준임률)
	50개 이상(100%)	60만 원(표준임률의 120%)

주: 시간당 LCD 모니터 50개 생산을 표준과업량으로 설정하였다.

식이라 할 수 있다(〈표 I-5〉).

ⓛ 시간 기준 성과급

· 표준시간급(standard-hour plan): 업무성과를 표준시간에 기초해서 임금수준을 결정하는 방식으로서, 비교적 긴 작업시간이 필요하거나 업무 요구기술이 높은 작업의 경우 많이 활용된다.

· 할증급(premium plan): 표준작업시간의 임금은 동일하지만, 업무성과가 높은 구성원들에게 일정한 비율을 추가하여 임금을 지급하는 방식으로서, 시간을 기준으로 하면서도 생산성의 향상도 꾀할 수 있는 장점이 있다. 이렇게 절약된 시간당 임금을 어떤 비율로 구성원에게 배분하느냐에 따라 할시식, 비도식, 로완식, 간트식으로 나눌 수 있다.

할시식(Halsey premium plan)은 1891년 할시가 고안해 낸 것으로 표준과업시간과 표준업무성과를 규정하여 초과 달성된 부분에 상응하는 임금을 표준임금의 1/2이나 1/3의 비율로 추가 할당하는 방식이다. 비도식(Bedaux premium plan)은 절약된 임금의 3/4를 해당 구성원에게 할당하는 방식이다. 로완식(Rowan premium plan)은 임금이 얼마나 절약되었느냐에 따라 이익배분율을 달리하는 방식이다. 할증방법은 다음과 같다.

$$W = Ha \times Rh + (Ha/Hs) \times Rh(Hs - Ha)$$

W: 임금
Rh: 시간당 임금
Ha: 실제작업시간
Hs: 표준작업시간

간트식(Gantt premium plan)은 시간당 절약된 임금 모두를 개별 구성원에게 지급하고 여기에 추가적으로 특별 보너스까지 얹어 주는 방식이다(〈표 I-6〉).

〈표 I-6〉 시간 기준 성과급의 예

방식	생산시간	생산량	절약시간	절약임금	임금산출
표준시간	6시간	6개	0시간	0원	6시간×4,000원=24,000원
할시식	4시간	6개	2시간	8,000원	24,000+4,000=28,000원 (1/2일 때)
비도식	4시간	6개	2시간	8,000원	24,000+6,000=30,000원 (3/4일 때)
로완식	4시간	6개	2시간	8,000원	24,000+4/6×4,000(6-4)= 29,333원
간트식	4시간	6개	2시간	8,000원	24,000+8,000+3,200 (10%일 때)=35,200원

주: 시급 4,000원이며, 표준생산시간은 6시간이다.

③ 개인 기준 성과급의 장단점

개인 기준 성과급은 긍정적인 업무성과를 반복적으로 유도할 수 있다. 앞서 살펴보았던 강화이론에 근거할 때 높은 성과를 이루어 높은 임금을 받은 사람은 다음에도 그와 같은 보상을 받기 위해 더 많은 성취를 이루려고 하는 경향이 있다. 또한 기대이론에서 본 바와 같이 보상에 대한 기대치는 더 많은 노력을 투입하여 높은 성과를 이룰 수 있게 하며, 그 결과 개별 구성원은 그에 대한 보상을, 조직은 조직목표를 달성할 수 있는 결과를 유도할 수 있다. 또한 개인이 성취한 결과물에 의해 평가를 받기 때문에 공정성에 대한 불만족을 낮출 수도 있다. 특히 개인주의 성향이 강한 조직문화를 가지고 있을 경우 개인 기준 성과급을 통한 효과가 대단히 크다.

반면 개인 기준 성과급의 가장 큰 함정은 바로 성과향상을 위해 지나친 경쟁을 함으로써 구성원들 간의 협동을 저해하고 나아가 조직 전체의 목표 달성에 해를 끼치는 결과를 가져올 수 있다는 점이다. 또한 실적 위주의 보상 시스템은 외형적 실적에만 치중하게 함으로써 조직의 질적 목표 달성을 소홀히 할 가능성 또한 존재한다. 마지막으로 업무성과를 정성적으로 평가해야 하는 경우 평가를 담당하는 상사와 부하직원의 의견이 다를 때 이들 간의 갈등은 단순히 개인적 차원을 넘어 조직 전체의 응집력 저하로 이어질 수 있다(〈표 Ⅰ-7〉).

④ 실행을 위한 제언

개인 기준 성과급은 그 단점에도 불구하고 개별 구성원들의 근로의욕을 고취시키는 데는 가장 좋은 방법인데, 이 방식은 다음과 같은 상황에서 성공 가능성이 더 높다(Gomez-Mejia et al., 2001: 368).

㉠ 개별 구성원들의 공헌도를 명확히 구분지을 수 있을 때: 일반적으로 개별 구성원들의 공헌도를 구분하기란 쉽지 않지만 영업직 외판사원 등의 경우에는 그 공헌도를 쉽게 파악할 수 있다. 이때는 개인 기준 성과급을 이용함으로써 최대의 성과를 이끌어 낼 수 있다.

㉡ 직무의 자율성이 큰 경우: 개별 구성원들이 독립적으로 일할 수 있는

범위가 넓을수록 각자에 대한 성과를 측정하고 평가하기가 용이하다. 큰 체인 소매점에서 상점별 책임자들의 성과는 상대적으로 측정할 수 있다.

㉢ 협동이 성과에 중대한 영향을 미치지 않거나 경쟁 자체가 중시되는 경우: 현실적으로 협동은 거의 모든 작업에 있어 필요하지만, 상대적으로 협동의 중요성이 작은 업무나 경쟁으로 인한 성과 향상이 목적인 업무의 경우에는 개인 기준 성과급이 더 큰 성과를 낼 수 있는 원동력으로 작용한다.

(2) 팀 기준 성과급

① 팀 기준 성과급의 특성

노동력의 유연성에 대한 요구가 점증하면서 많은 조직들이 개별 구성원을 팀으로 묶어 문제해결력을 높이려는 노력을 하고 있다. 휴렛팩커드의 경우 16,000명의 구성원 중 25% 이상이 신제품 개발과 시장 확대를 위한 팀에 배치되어 있다. 이러한 시스템에서 개별 구성원들은 자신이 속한 팀 내에 경계가 허물어진 직무들을 오가며 작업을 수행한다. 또한 한 직무 혹은 작업을 팀으로 접근하는 방식을 채택하고 있는 조직들도 늘고 있다. 팀 기준 성과급은 보통 집단성과에 기준하여 모든 팀 구성원들이 동등하게 보상을 받는다. 이때의 보상은 금전적인 것과 비금전적인 형태 모두 제공될 수 있다. 팀 성과급은 팀이 수행하는 과업의 특성에 따라 그 측정기준이 매우 달라진다. 예를 들어 R&D 부서의 경우 그 성과가 광범위하고 장기적으로 나타나지만, 생산부서의 경우에는 그 성과가 세부적이고 단기적으로 나타날 수 있다. 그럼에도 같은 업무를 수행한 팀의 경우 보상의 수준은 모든 구성원이 동일하다. 그런데 유념해야 할 것은 팀 기준 성과급을 실시해도 개인 구성원별로 기본적인 임금은 책정된다는 사실이다. 즉, 개인 구성원들의 임금 책정이 끝난 이후 팀이나 집단 성과에 따라 부가적으로 주어지는 것이 바로 팀 기준 성과급이라 할 수 있다.

② 팀 기준 성과급의 장단점

팀 기준 성과급의 가장 큰 장점은 집단의 응집력을 높일 수 있다는 것이다. 같은 집단 내의 구성원들은 어느 정도 같은 목표와 목적을 갖고 있으므로 개인끼리 경쟁할 때보다 협동하여 더 큰 성과를 이루어 낼 수 있다. 또한 성과 측정을 용이하게 하는 장점이 있다. 개인의 성과는 그 조직 전체나 집단에서 어떤 공헌을 했는지 위치 짓기가 상대적으로 힘들지만, 집단의 공헌 정도는 조직이나 집단의 맥락에서 쉽게 파악할 수 있다.

하지만 이러한 팀 기준 성과급은 개인주의적인 조직문화를 가진 조직에서는 반발을 불러일으킬 수 있다. 집단주의적인 문화를 가진 나라나 조직에서는 팀 기준 성과급이 각광을 받을 수 있으나, 개인주의를 지향하는 가치를 가진 나라나 조직에서는 자칫 팀을 통해 얻으려던 조직응집력이나 조직 전체의 성과 달성이라는 목표에 저해되는 결과를 초래할 수 있다. 또한 팀 기준 성과급의 가장 큰 문제는 대부분의 팀이나 집단에서 발견할 수 있는 무임승차의 문제이다. 어느 집단이든 열심히 하는 사람이 있는가 하면, 적은 노력으로 동등한 보상을 향유하려는 사람이 있게 마련이다. 상사들이 항상 구성원들의 노력을 평가하고 감독할 수 없기 때문에 많은 노력을 투입한 구성원들의 불만이 커지게 된다. 이러한 점이 개선되지 않고 지속될 경우 종국에는 어느 정도 이상의 노력을 기울이지 않으려는 분위기가 팽배해지면서 형편없는 집단성과가 도출될 수 있다. 이와 더불어 팀 기준 성과급은 집단 간의 지나친 경쟁을 유발시켜 조직 전체의 목적 달성에 해가 될 수 있다. 각

〈표 I-7〉 성과급별 장단점

구분	개인성과급	팀/집단성과급
장점	· 보상효과의 반복성 · 개인목표에 대한 재무적 동기부여 · 개인주의 문화에서 효과 탁월	· 집단응집력 강화 · 성과 측정 용이
단점	· 과도한 경쟁 유발 · 조직응집력 약화	· 무임승차 유혹 · 내부 집단 간 경쟁 심화

자료: Gomez-Mejia et al.(2001).

집단은 최대한 합리성을 추구하지만 그 과정에서 집단과 집단 사이의 이해 관계가 상충되는 부분이 나타나면서 조직 전체의 관점에서는 비합리적인 결과가 초래될 수 있다(〈표 Ⅰ-7〉).

③ 실행을 위한 제언

팀 기준 성과급도 한계점을 가지고 있으나, 어떤 상황에서 실시하느냐에 따라 실보다 득이 많을 수 있다.

㉠ 업무의 상호 연관성이 커서 혼자 수행할 때 어려움이 있는 경우: 연구원들이 혼자서 큰 프로젝트를 수행하기에는 무리가 따른다. 이때 팀을 이루어 개인별 임무를 수행하는 경우 시간과 금전 모두 절감할 수 있으며, 이 부분만큼을 팀 기준 성과급으로 돌릴 수 있는 여지가 많아진다.

㉡ 조직계층이 많지 않아 팀 구성원들의 관계가 비교적 수평적인 경우: 집단의 위계가 복잡하고 많을수록 명령과 권한의 책임이 분명하므로 집단이나 팀을 이루어도 경직되기 쉽다. 반면 조직계층이 많지 않아 팀 구성원들의 관계가 비교적 수평적인 경우에는 구성원들 간에 원활한 업무 교류가 이루어질 가능성이 높으므로 집단성과 창출에 더욱 용이하다.

㉢ 구성원들이 업무에 대한 헌신도가 높고 내부적으로 동기부여된 경우: 집단이나 팀을 이룰 때 내부갈등의 최대 원인으로 꼽히는 것이 바로 무임승차의 문제이다. 무임승차의 문제를 외부적인 감독이나 제재에 의해서 막는 것은 한계가 있으므로 구성원 스스로가 업무에 대해 헌신하고 외재적인 보상보다는 내재적으로 동기부여할 수 있을 때 근본적으로 해결될 수 있다.

(3) 조직성과급(corporate-wide pay for performance plan)

조직성과급은 조직 전체의 성과를 기준으로 해서 개별 조직구성원이나 집단에 보상하는 방식이다. 조직성과급은 조직의 성과가 향상될수록 개인이나 집단에 돌아가는 보상수준이 증가됨을 전제로 하고 있다. 이를 통해 조직은 조직 전체적 관점에서 그 유효성을 가늠할 수 있다.

① 유형

조직성과급은 크게 두 가지 성과를 기준으로 하는데, 구성원의 생산성 향상과 품질 개선에 초점을 맞추고 있는 집단성과배분제와 조직이 시장에서 달성한 매출이익을 기준으로 한 이익분배제가 있다.

㉠ 집단성과배분제(gainsharing): 조직성과급에서 쓰이는 가장 대표적인 형태가 집단성과배분제이다. 집단성과배분제란 일반적으로 개별 구성원들이 조직 전체의 비용 중 절감한 부분이나 생산량 증대로 인한 이익 발생 부분만큼을 해당 구성원에게 환원하는 방식을 말한다. 현재 미국 기업의 12%가 이 제도를 도입하고 있다. 집단성과배분제는 크게 세 가지 하위방식으로 구분 가능하다.

· 스캔론 플랜(Scanlon plan): 집단성과배분제에서 가장 오랫동안, 가장 많이 쓰인 방식으로 1930년대에 스캔론(Joe Scanlon)에 의해 개발되었다. 스캔론 플랜은 먼저 평균적인 연도의 인건비를 매출액으로 나누어 평균적인 지표를 도출한 다음, 당해 연도의 인건비를 매출액으로 나누어 평균지표와 비교한다. 당해 연도의 지표가 평균지표보다 우수하면 그 이익분 만큼을 조직과 구성원들이 나누어 갖는다. 이들 간 분배율은 일반적으로 조직이 25%를, 구성원이 50%를, 나머지 25%는 평균지표보다 성과가 나쁠 때를 대비하여 조직에 유보하는 형태를 취한다. 스캔론 플랜의 가장 큰 특징은 노사 쌍방의 대표자들이 모여 생산위원회와 심사위원회를 구성하여 이를 통해 원가 절감이나 생산력 향상 등을 위한 의견들을 교환하고 조직의 예산 수립에도 적극적으로 참여한다는 데 있다.

예를 들어, 평균적으로 M사의 인건비가 매출액의 50%를 차지하고, 특정 달에 매출액이 1,000,000원이고 실제 인건비가 400,000원이라고 하자. 이때 기준치인 500,000원에 비해 비용을 20% 절감했으므로, 비용절감분인 100,000원이 인센티브 풀에 들어간다. 100,000원의 25%인

25,000원이 조직에게, 50,000원이 개별 구성원에게, 25%인 25,000원이 예비비로 유보된다.

· 럭커 플랜(Rucker plan): 럭커 플랜은 조직이 창출한 부가가치생산액을 구성원의 인건비를 기준으로 배분하는 방식으로서, 1932년 럭커(Allen W. Rucker)에 의해 개발된 것이다. 럭커 플랜도 스캔론 플랜과 마찬가지로 두 위원회를 두는데, 생산위원회와 품질위원회를 통해 구성원들의 참여를 유도한다. 이러한 참여를 통해 규정된 인건비에 비해 더 많은 부가가치를 창출한 경우 그 부가가치만큼을 조직과 구성원이 공유한다. 여기서 구성원들이 지급받는 보상의 양은 생산가치에서 총임금이 차지하는 부가가치분배율을 구해 이를 전체 부가가치에 곱한 값으로 결정된다.

예를 들어, U사가 1.00달러 가치의 제품을 생산하기 위해서 원재료, 부품비, 전기세 등으로 0.60달러를 소비한다면, 판매가치 1.00달러당 부가가치는 0.40달러가 된다. 여기서 부가가치의 50%가 노동에 의해 발생된다고 하면, 생산성비율(productivity ratio: PR)은

$$PR \times .50 = 1.00 \rightarrow PR = 2.00$$

로 구해진다. 총인건비가 200,000달러라면, 기대생산가치는 400,000달러($200,000×2.00)가 된다. 이때 실제 생산가치가 490,000달러라면 절감분은 90,000달러(실제생산가치 – 기대생산가치, 즉 여기에서는 $490,000 – $400,000)가 된다. 이렇게 구한 부가가치 중 노동이 실제로 기여한 부분은 50%이므로 실제 배분될 보너스는 90,000×0.50 = 45,000달러가 된다. 여기서 얻어진 45,000달러를 사전에 설정된 보상기준에 의해 나눈다. 조직에 25%, 조직구성원에게 50%, 예비비로 25%가 그 기준이라면 보상액은 각각 11,250, 22,500, 11,250달러가 된다.

· 임프로셰어(improshare): 집단성과배분제의 마지막 형태인 임프로셰어는 improved productivity through sharing의 줄임말로, 구성원들의 업무생산성 향상을 위해 훼인(Mitchell Fain)이 개발한 것이다. 임

프로셰어는 일정 기간의 표준생산기준을 설정한 뒤 이를 기준으로 실제생산시간을 비교해서 그 차이분만큼을 조직과 구성원이 50:50으로 나누어 갖는 방식이다.

㉡ 이익분배제(profit sharing): 이익분배제는 조직이 달성한 영업이익의 일정 비율을 조직구성원에게 배분하는 방식으로서, 조직의 실질적인 매출로 발생한 수익을 분배의 대상으로 삼는다는 점에서 앞서 살펴본 집단성과배분제와는 차이가 있다. 이익분배제는 달성한 영업이익이 그 기준이 되므로 분기별 손익계산서가 나온 이후에 보상이 이루어지며, 수혜자의 범위가 조직구성원뿐만 아니라 주주들까지 아우른다. 미국기업의 약 23%가 이익분배제를 시행하고 있다.

이때 보상액은 조직이 달성한 수익률에 의해서 결정되는데, 보통 목표 대비 5% 상승했다면 임금의 5%에 해당하는 임금이 추가적으로 지급된다. 이 경우 이루어지는 보상은 현금으로 즉시 지급되기도 하지만 종업원 우리사주와 같은 형태로 제공되기도 한다. 이익분배구조는 기업마다 상이한데, Texas Instrument사의 경우에는 영업이익률에 따라 이익분배율이 누적적으로 증가하도록 하여 연봉액에 비례하여 이익액이 분배되도록 한다(〈표 Ⅰ-8〉).

〈표 Ⅰ-8〉 Texas Instrument사의 이익분배제 (단위: %)

영업 이익율	9 이하	9~10%	10~11%	11~12%	12~13%	13~14%	14~15%	15~16%	16~17%	17~18%	18~19%	19 이상
이익 분배율	0	2	4	6	8	10	14	16	18.5	21	23.5	26

자료: 김성수(2000).

〈표 Ⅰ-9〉 General Motors, Ford, Daimler-Chrysler사의 이익분배제 (단위: %)

이익/매출액	1.8% 이하	1.8~2.3%	2.3~4.6%	4.6~6.8%	6.8% 이상
이익분배율	0	7.5	10.0	13.5	16.9

자료: 김성수(2000).

반면 미국의 3대 자동차 회사인 General Motors, Ford, Daimler-Chrysler는 이익액을 분배할 때 연봉액에 비례하여 분배하지 않고 모든 사람에게 균등 분배하고, 그 기준에도 차이가 있다(〈표 I-9〉).

② 조직성과급의 장단점

조직성과급은 좀 더 거시적인 관점에서 조직의 효율성을 가늠해 볼 수 있도록 해 준다. 또한 조직성과급의 구성요소인 집단성과배분제의 경우에는 조직구성원들을 경영 전반에 참여시킴으로써 그들의 근로의식을 높이고 조직 전체에서 불필요하게 발생하는 비용을 구성원의 참여를 통해 제거할 수 있는 장점이 있다. 이를 통해 개인의 성과 향상뿐만 아니라 조직 전체의 목표 달성이라는 두 요소를 무리 없이 달성하는 것이 용이해진다.

반면 팀 기준 성과급의 경우와 마찬가지로 거시적 관점에서 성과를 측정함으로써 무임승차의 문제가 다시금 대두될 수 있다. 이는 곧 조직 전체의 성과를 저하시키는 결과를 초래하기도 한다. 또한 보상을 발생시키는 기준들을 설정할 때 외부시장환경에 영향을 받기 쉬운 부분까지 구성원들의 행위 결과로 치부함으로써 구성원들의 공헌 정도에 대한 정확한 가치평가가 이루어지지 않을 수도 있다. 뿐만 아니라 이익분배제의 경우 분기별 손익계산서가 나온 이후 성과배분이 가능해지므로 즉각적인 동기부여 효과가 기대보다 훨씬 낮을 수 있다. 마지막으로 조직성과급은 조직구성원들의 참여가 전제되는데, 구성원들의 과도한 참여는 관리자들에게 경영권을 침해한다는 위기의식을 불러일으킬 수 있다.

③ 실행을 위한 제언

조직성과급은 다음과 같은 조건일 때 더욱 유리하다.

㉠ 조직의 규모가 작거나 중간 정도인 경우: 조직이 소규모이거나 중간 정도인 경우 구성원들의 투입량과 조직 전체의 성과 사이의 상관관계를 파악하는 것이 용이하므로 조직성과급을 적용하는 것이 좋다.

㉡ 조직문화가 유연하고 수평적인 경우: 과도한 조직위계가 존재하는 조

직의 경우에는 조직성과급의 전제인 구성원의 참여가 매우 제한될 수 있으므로 비교적 유연하고 수평적인 조직일 때 효과가 더 크다.

ⓒ 제품시장이 안정적인 경우: 조직성과급은 과거 자료에 대한 의존도가 매우 크기 때문에 시장 자체의 불확실성이 크거나 변동이 심할 경우 기준 설정에 어려움을 겪게 되므로 비교적 안정적인 제품시장을 가진 조직에 적합하다.

(4) 임금 믹스

이제까지 여러 가지 보상형태의 특징과 설계방안, 실행을 위한 요건 등을 살펴보았다. 이 과정에서 어떤 보상형태든지 완전할 수 없으며 상호 독립적일 수 없다는 사실이 더욱 자명해졌다. 그러므로 보상은 여러 보상들이 혼합적으로 사용되는 것이 일반적이며, 조직 전체의 전략 · 구조 등과 한 궤를 이루어 설계되고 운영된다. 보상과 전략을 혼합한 경우와 보상과 전략, 그리고 조직구조까지 고려한 경우로 나눌 수 있다.

① 보상과 전략의 혼합

㉠ 기계적 보상전략: 보상과 전략의 혼합유형 중 첫 번째는 기계적 보상전략이라고 불리는 것으로, 임금 결정의 공식적 규칙과 절차를 강조하며 조직 전반에 일관되게 적용되는 특징을 갖고 있다. 보통 조직구성원들의 스킬보다는 직무에 기준해서 보상을 하며 기본급을 강조한다. 기계적 보상전략은 보통 성숙된 기업에서 방어자(defender)로서 유지전략을 쓸 때 자주 활용된다.

㉡ 유기적 보상전략: 유기적 보상전략은 기계적 보상전략보다는 외부 환경의 변화나 개별 구성원의 능력에 보다 큰 가중치를 둔다. 스킬이나 성과 등을 기준으로 하는 경우가 많으며, 유연한 보상 프로그램을 시행하는 것이 특징이다. 유기적 보상전략은 보통 투기자(prospector)로서 역동적 성장을 하는 조직에서 많이 사용한다.

ⓒ 혼합보상전략: 기계적 보상전략과 유기적 보상전략의 중간에 위치하는

〈표 I-10〉 보상과 전략의 연계

기계적 보상전략	혼합보상전략	유기적 보상전략
· 관련 제품 유지 · 지배적 사업 · 방어자(defender) · 내부 성장 · 현 시장점유율을 유지 하려는 조직이나 성숙된 조직에 적합	· 지배적 제품 · 분석자(analyzer) · 융통성이 필요하거나 변환기에 있는 조직에 적합 · 역동적 성장	· 단일 제품 · 인수를 통한 성장 · 비관련성 사업 · 투기자(prospector) · 성장하는 조직이나 비관련적 사업의 인수를 통해 성장을 하는 조직에 적합

자료: Gomez-Mejia & Welborne(1998).

혼합보상전략은 그 이름처럼 두 보상전략을 모두 차용한 경우에 해당된다. 변환기에 있는 조직에서 많이 활용되며, 분석자(analyzer)로서 상황에 따라 두 가지 전략을 오가며 보다 적절한 전략을 선택한다(〈표 I-10〉).

② 보상과 전략, 그리고 조직구조의 혼합

㉠ 기계적 보상전략: 앞서 언급한 것처럼 기계적 보상전략은 연공을 강조하고 외부보다는 내부공정성에 더 큰 가중치를 둔다. 그러므로 보상설계에 있어서도 외부노동시장보다는 내부임금수준을 기준으로 하며, 인센티브보다는 고정급의 비율이 더 높다. 기계적 보상전략은 기본적으로 집권적인 조직관리의 틀을 가진 조직에서 많이 행해진다. 이러한 조직에서는 대부분의 경우 구성원의 참여가 거의 이루어지지 않으며 관료적인 정책을 통해 보상의 설계와 운영이 이루어진다.

㉡ 유기적 보상전략: 유기적 보상전략은 기계적 보상보다 외부환경과 개인능력을 상위 기준으로 둔다. 연공보다는 스킬과 성과를 강조하고 내부적 공정성보다는 외부적 공정성을 중시한다. 이런 이유로 보상설계 시에도 외부노동시장의 자료가 내부적 임금수준보다 더 큰 고려대상이 되며, 고정급보다는 인센티브의 비율이 더 높다. 이러한 유기적 보상전략은 분권적 조직으로 비교적 의사소통이 원활히 이루어지고 구성원들

〈표 Ⅰ-11〉 보상과 전략, 그리고 조직구조와의 연계

구분	기계적 보상전략	유기적 보상전략
임금 기준	· 직무 · 연공 강조 · 개인고과 · 단기적 보상 · 내부공정성 〉 외부공정성 · 계층적 · 계량적 성과 측정	· 스킬 · 성과 강조 · 개인고과 및 집단고과 · 장기적 보상 · 외부공정성 〉 내부공정성 · 평등주의적 · 질적 성과 측정
설계 이슈들	· 내부임금수준 〉 외부노동시장 · 고정급 〉 인센티브 · 빈번한 보너스 · 내재적 보상에 의존	· 외부노동시장 〉 내부임금수준 · 인센티브 〉 고정급 · 지연 소득 · 외재적 보상에 의존
관리적 틀	· 집권적 조직 · 상대적으로 덜 원활한 의사소통 · 구성원의 참여 제한 · 관료적 정책 시행	· 분권적 조직 · 원활한 의사소통 · 구성원의 참여 · 융통적 정책 시행

자료: Gomez-Mejia & Welborne(1998).

의 참여가 잘 이루어지는 환경에서 시행된다(〈표 Ⅰ-11〉).

5 보상과 관련한 이슈들

지금까지는 통상적으로 행해지던 보상의 일반적인 내용에 대해 알아보았다. 하지만 현실에 보다 구체적으로 적용하기 위해서는 현재 이슈가 되고 있는 보상과 관련된 내용들을 좀 더 상세히 알아야 한다. 요즘 전문경영인의 가치가 급상승하면서 이들에 대한 보상 문제도 관심사로 등장했다. 이와 더불어 세계화가 급속히 진행되면서 해외 파견자나 현지 피고용인에 대한 보상 문제 역시 중요한 화두로 떠오르고 있다. 또한 고객만족이 기업경영의 최대목표로 부상하면서 고객과 직접적인 관계를 맺는 영업사원에 대한 보

상 또한 중요해졌다. 1997년 외환위기 이후 우리나라 기업들에게서 집중적으로 부각된 연봉제 역시 보상과 관련하여 특별히 고려되어야 하는 이슈이다.

1) 최고경영자의 보상

(1) 최고경영자가 보상을 많이 받는 이유

Fortune 500대 기업의 최고경영자들의 평균임금은 120억 원에 달한다. 이는 지난 10년 동안 442%나 증가한 수치이며, 일반 근로자 연봉의 240배에 이르는 액수이다. 미국의 경기호황이 최고조에 달했던 2000년 초 몇몇 최고경영자들의 연봉은 1,200억 원에 달하기도 했다(Gomez-Mejia et al., 2001: 379). 우리나라에서는 한때 FILA Korea 윤윤수 사장의 연봉이 18억 원이라고 해서 세간에 화제가 된 적이 있었는데, 지금은 삼성전자의 윤종용 부회장을 필두로 고액의 연봉을 받는 전문경영인의 수가 대거 늘어났다. 그렇다면 최고경영자들이 이토록 고액의 연봉을 받는 이유는 과연 무엇일까? 이에 대해 보통 세 가지 이유를 들어 설명한다.

① 조직성과와 의사결정능력에 대한 대가

조직은 마치 오케스트라와도 같다. 개별 구성원들과 집단들은 각각 고유의 소리를 내지만 그 소리들이 아름다운 화음으로 조화되기 위해서는 지휘자가 필요하듯이, 조직의 목표와 비전을 제대로 달성하기 위해서는 조직 내의 구성원들이 이룬 성과들을 조율하고 조정할 수 있는 최고경영자가 있어야 한다. 최고경영자는 조직성과에 대해 전반적인 책임을 지고 의사결정을 한다. 결국 효율성과 효과성을 바탕으로 의사결정을 하고 조직성과를 이루어 내는 능력에 대한 대가로서 최고경영자에게 높은 보상을 해 주는 것이다.

② 희소한 최고경영자 인력 풀(pool)

최고경영자는 한 조직을 이끄는 만큼 앞서 설명한 효율적이고도 효과적인 의사결정을 할 수 있는 능력이 필요하다. 그뿐만 아니라 조직은 사람들이 모인 집합체인 만큼 미시적으로는 개개인의 능력을 최대한 끌어내고, 거시적으로는 이들 간에 조화를 이루어 보다 큰 조직의 목표로 수렴시키기 위한 인간관계기술도 대단히 중요하다. 결국 최고경영자는 업무성취능력과 인간관계능력이 고도로 균형감 있게 어우러져 있는 사람이라고 할 수 있다. 문제는 이러한 사람들의 수가 극히 적다는 데 있다. 일반적인 외부노동시장의 경우와는 반대로 최고경영자에 대한 수요는 대단히 높은 데 비해, 공급할 수 있는 인력 풀이 대단히 제한적이기 때문에 희소성의 원리에 의해 그들의 가치는 상승할 수밖에 없으며 이런 이유로 최고경영자는 고액의 연봉을 받게 된다.

③ 주주들의 경제적 합리성

보상의 효과성을 논하면서 언급한 대리인이론을 통해서도 이에 대한 설명이 가능하다. 주주들의 최대관심사는 '조직의 수익성 증가로 높은 배당을 받을 수 있는가' 하는 것이다. 이때 주주는 투자를 하는 사람이지 전문경영인이 아니다. 이런 이유로 그들은 그들 대신에 전문적으로 조직을 경영할 수 있는 사람에게 권한을 위임하게 되는데, 이 과정에서 위임자-대리인의 관계가 성립한다. 그런데 문제는 이렇게 권한을 위임받은 대리인과 권한을 준 위임자 사이의 이해관계가 다르다는 데 있다. 즉, 위임자들이 조직 수익성 증가로 인한 높은 배당에 관심이 있는 반면, 대리인들은 조직 외적 규모의 성장이나 특별 혜택 등에 더 큰 매력을 느낀다. 이러한 이해관계의 간극을 메우기 위해 위임자들은 자신들의 목적을 가장 잘 이행할 수 있는 대리인을 찾게 되고, 그에 대한 유인책으로 높은 보상을 제시한다. 과거에 높은 실적을 낸 전문경영인을 고액의 보상으로 조직 내로 영입함으로써 전문경영인은 고임금을, 주주들은 고배당이라는 상호 접점을 마련하고자 한다. 결국 최고경영자가 많은 보상을 받는 것은 주주들의 경제적 합리성에 근거하고 있다는 것이 대리이론을 통한 설명이다.

(2) 최고경영자의 보상구조와 그에 따른 문제점

최고경영자의 보상은 크게 보너스와 인센티브로 이루어져 있다. 일반 직원들에 비해 최고경영자의 기본급은 평균적으로 전체 임금의 35% 이하를 차지한다. 반면 보너스나 스톡옵션 등은 각각 30%대에 육박하고 있다. 특히 IT나 보험업계에서는 이 비율이 90~130%에 이르기도 한다(Gomez-Mejia et al., 2001 : 380).

① 기본급과 단기 인센티브

Fortune 500대 기업 최고경영자들은 기본급으로 적어도 50만 달러를 받고, 보너스는 보통 회사의 연간 목표치와 연계된 단기 인센티브의 형태로 제공받는다. 이들 최고경영자의 90% 이상이 연말에 보너스를 지급받는다. 이에 따라 몇 가지 문제점이 파생되는데, 우선 들 수 있는 것이 단기 성과 지향으로 인한 장기 성과에 대한 경시 문제이다. 조직의 연간 수익에 따라 연말에 최고경영자들의 보너스가 지급되기 때문에 최고경영자들은 단기적인 안목으로 경영전략을 수립하거나 장기적 성과 창출에 필요한 R&D 투자 등을 꺼릴 가능성이 크다. 더 심할 경우 회계보고서를 조작해서 단기적 이익 창출에 집착할 수도 있다. 이는 최고경영자의 윤리성과도 연관되는 것으로, *Business Week*에서 진정한 최고경영자에 '정도(正道)를 걷는 경영자' 를 꼽은 것과 그 맥락을 같이한다. 또한 보너스는 기본급에 덧붙여 지급된다는 부가급이라는 성격이 짙어 자신의 성과와는 별도로 받을 수 있다는 기대를 심어 줄 수 있다. 1990~1991년 사이에 1,300개의 기업 중 조직 성과 향상을 이루지 못했음에도 보너스를 지급한 기업의 수가 87%에 달했다.

② 장기 인센티브

대부분의 최고경영자들은 기본급과 단기 인센티브뿐만 아니라 장기 인센티브도 지급받는데, 장기 인센티브는 회사의 지분이나 금전 보상과 주식을 혼합한 형태를 취한다. 전자는 저렴한 가격으로 회사의 지분을 미리 취득할 수 있는 스톡옵션이, 후자는 주식이나 현금을 취득할 때와 행사할 때 동일한 가치를 가지는 SARs(stock appreciation rights)가 대표적이다. 그런데 이런 장기적 인센티브는 최고경영자의 성과와 무관한 경우가 많다는 비판이 제기되고 있다. 즉, 주가는 최고경영자가 제대로 예측할 수도, 조절할 수도 없는 것이므로 최고경영자의 성과를 주가로 평가하여 이를 성과급으로 지급하는 것은 제대로 된 보상이 아니라는 것이다.

③ 복리후생

금전적 보상뿐만 아니라 최고경영자에게 제공되는 비금전적인 보상들을 아울러서 복리후생 혹은 특권적 복리(perks)라고 칭할 수 있다. 여기에는 고급 승용차, 고급스러운 사무실, 전용 항공기 등 전문경영인들을 행복하게 만드는 제반 요소들을 포함하고 있다. 그런데 이러한 특권들은 전문경영인들이 효율적으로 조직을 경영할 수 있도록 도와주는 부가적인 성격의 것으로 실제 조직목표에 직접적으로 관련이 있는 것은 아니다. 그럼에도 오늘날 전문경영인들은 조직성과의 향상에 힘쓰기보다 특권을 향유하는 데 도취되어 종종 자신이 왜 최고경영자의 자리에 있는가 하는 근본적인 이유를 망각하고 있는 모습을 보이는 경우가 많이 있다. 이런 모습 때문에 최고경영자들이 누리는 특권에 대한 비판이 거세지고 있다.

(3) 최고경영자의 보상을 위한 제언

① 단기 인센티브와 장기 인센티브의 비율을 적절히 조정하라

단기 인센티브는 즉시 최고경영자에게 동기부여하는 효과가 있는 반면, 단기 성과에만 집착하게 만들 가능성 또한 내포하고 있다. 이를 보완하기 위해 여러 가지 형태의 장기 인센티브를 적극 활용해 보상의 비율을 조정하는 것이 바람직하다. 장기 인센티브의 구체적인 형태는 〈표 Ⅰ-12〉와 같다.

② 금전적 보상과 비금전적 보상을 적절히 활용하라

금전적 보상뿐만 아니라 비금전적 보상 역시 중요하다. 물론 특권이라 불

〈표 I-12〉 주식 관련 보상 프로그램

구분	프로그램	특징
주식 프로그램	스톡옵션	고용계약기간 동안 저렴하게 주식 구입 가능
	단기주식구매제	짧은 기간(1~2달) 동안 주식 구입 가능
	제한된 주식제	경영자가 고용계약기간 동안 주식매매 금지 시행
	일회성 주식제	한 번만 주식 취득 기회 제공
	자산가치기준주식	시장 영향 제거 후 주식 가치 평가
	하급주식	일반주식보다 낮은 가격 책정, 임의 매매 금지
주식 + 현금결합 프로그램	주식인정권	주식의 현금화 권리 인정
	단위성과급제	재무적 성과율에 기초해 보너스 산정
	주식배당성과급제	조직수익률에 따라 시장주식 무상 배분
	가상주식	장부상에만 기입, 실제 지급 않고 평가, 보상

자료: Gomez-Mejia et al.(2001).

리는 비금전적 보상에 대해 여러 가지 비판이 제기되는 것이 사실이지만, 최고경영자가 받는 과도한 의사결정 스트레스을 줄여 주고 촌각을 다투는 중요한 판단을 용이하게 하는 기능을 하므로 과도하지 않은 특권은 오히려 조직 성과 향상에 있어 촉진제의 역할을 할 수 있다.

2) 해외인력의 보상

해외직접투자가 활성화되면서 국내기업의 해외진출뿐만 아니라 외국기업의 국내진출의 움직임이 그 어느 때보다도 거세다. 이러한 과정에서 보상과 관련한 이슈들이 속속 제기되는데, 대표적인 것으로 해외 파견 근로자에 대한 보상, 현지 근로자에 대한 보상, 제3국 근로자에 대한 보상을 들 수 있다. 베이징에 현지 공장을 설립하여 현지화 성공 사례로 손꼽히는 현대자동차의 예를 들면, 우리나라에서 파견된 직원을 해외 파견 근로자로, 베이징 공장에 근무하는 현지 중국인들을 현지 근로자로, 우리나라에서 파견된 것도,

현지 중국인도 아닌 제3의 국적을 가지고 현대자동차에 근무하는 인력을 제3국 근로자로 분류할 수 있겠다. 보통 해외 파견 근로자는 본국에서 지급되는 보상항목과 함께 이주경비, 해외근무수당, 주택공급, 가족부양수당 등을 추가적으로 받는다. 반면 현지 근로자나 제3국 근로자는 현지 임률과 보상원칙에 근거해서 보상받는 것이 일반적이다. 이러한 보상 시스템 관례적으로 이루어져 오던 것인데, 앞으로 해외진출이 더욱 활성화될 것이 예상되므로 기존의 보상뿐만 아니라 교육과 훈련 등을 아우르는 보다 광범위하고 체계화된 보상 시스템에 대한 모색이 요구된다.

3) 영업사원의 보상

(1) 영업사원의 보상이 특별한 구조를 취하는 이유

오늘날 전자상거래의 활성화로 고객과의 직접적인 접촉은 줄어들었지만, CRM(customer relationship management)이 부각되면서 영업사원들의 직 · 간접인 영향력은 오히려 더 강화되었고, 영업사원에 대한 보상 역시 중요해졌다.

영업사원의 보상은 기본급보다는 성과급의 비중이 다른 사원들의 것보다 월등히 높은 특징을 보인다. 이러한 임금구조를 가지는 이유는 무엇보다 영업사원의 판매성과가 조직성과에 직접적으로 영향을 미치기 때문이다. 따라서 조직은 조직성과의 극대화를 위해 영업사원의 보상을 성과기준으로 설계함으로써 영업사원들의 동기를 자극한다. 즉, 조직의 목표나 전략에 사원의 보상을 연동시킴으로써 상호 이익의 최대화를 지향한다. 이를 통해 조직은 감독비용을 절감하는 효과까지 얻게 된다. 또한 영업사원은 독립적으로 영업활동을 하는 경우가 많기 때문에 개인 성과에 대한 측정이 비교적 용이하고, 내부 임금수준에 근거한 내부공정성보다는 외부노동시장에 기준한 외부공정성에 대해 민감하므로 기본급보다는 성과급의 비중을 높일 수 있게 된다.

(2) 영업사원의 보상을 위한 제언

단순봉급제와 단순수수료제를 적절히 활용하라.

단순봉급제는 일반 사원과 마찬가지로 월급이나 연봉을 통해 보상하는 방식을 말하는데, 판매에 대한 과도한 스트레스를 막고 영업사원의 고용안정을 이룰 수 있다. 그러나 자칫 영업사원의 성과 향상 의욕을 제대로 자극하지 못할 수 있다는 단점도 내포하고 있다. 단순봉급제는 흔히 고객과 직접적으로 접촉하여 고가의 제품을 판매하거나 서비스를 제공하는 영업직에 적합하다. 단순수수료제는 기본급이 없는 대신 판매수량에 따라 보상하는 방식으로, 판매수량이 증가할수록 수수료가 누적적으로 증가하기 때문에 영업사원들의 동기를 부여하는 데 큰 효과를 발휘한다. 그런데 판매수익에만 집착하다 보면 단기적인 성과 향상에는 도움이 될지 모르나 장기적으로는 고객 서비스의 저하를 불러와 오히려 판매 감소의 원인으로 작용할 수 있다. 이렇듯 단순봉급제와 단순수수료제는 각각 장단점이 있기 때문에 조직의 특성과 영업사원 개개인에게 적합하게 혼합해 사용해야 한다.

4) 연봉제

연공서열을 강조하는 집합주의적 문화의 영향으로 우리나라 조직들은 대부분 연공급을 채택했었으나, 1997년 외환위기 이후 연공에 비례해서 주어지던 보상구조의 지반이 급격히 흔들리기 시작했다. 이에 따라 개별 조직구성원의 능력과 기술을 기준으로 한 연봉제를 수용하는 조직이 급격히 늘어났다. 마치 연봉제의 시행이 선진 기업으로 가는 손쉬운 방법으로 간주되면서 많은 기업들이 무분별하게 연봉제를 도입 · 시행했다. 그러나 장기적이고 뚜렷한 목적을 가지고 철저하게 준비한 소수의 기업만이 의도했던 성과를 얻을 수 있었고, 그렇지 못했던 다수의 기업들은 방향성을 잃고 조직원들의 혼란만 가중시키는 결과를 낳았다. 이러한 실패의 요인으로 연봉제에 대한 이해부족과 준비소홀을 들 수 있다(안희탁, 2000).

(1) 연봉제의 정의

연봉제란 연간봉급의 줄임말로서, 개별 구성원의 능력과 업적, 공헌도를 평가하고 계약에 의해 연간 급여액을 결정하는 성과 중시형 임금체계로 정의할 수 있다. 보통 연봉제는 1년을 단위로 해서 임금을 산정하는데, 기업에서 시행하고 있는 연봉제는 운동선수들에게 적용되는 단일 연봉제와는 달리 경제환경 변수들을 고려한 변형된 형태가 많다. 이런 점에서 우리나라에서 시행되고 있는 연봉제는 순수한 의미의 완전 연봉제라기보다는 부분 성과급제에 가깝다고 볼 수 있다.

(2) 연봉제의 유형

연봉제를 분류하는 기준은 다양할 수 있으나 통상적으로 적용대상과 성격에 따라 구분한다. 즉, 연봉제 임금의 적용대상이 임금의 전체인지 일부인지, 연봉 임금의 인상이 누적적인지 비누적적인지에 따라 2×2 matrix로 표현 가능하다.

프로선수형 연봉제는 프로 스포츠에서 대부분 사용되는 형태로 임금 전체가 모두 비누적적 성격을 띤다. 그러므로 그 해의 성적에 따라 임금이 큰 폭으로 상승 또는 삭감되는 일이 비일비재하다. 성과가급(merit bonus)은 총 임금 중 일부에 한해 비누적적인 임금 차등이 이루어지는 형태이다. 성과가급은 주로 기본급은 그대로 유지한 상태에서 성과에 따라 변동하는 상여금을 차등 지급하는 형태로 운영된다. 기존 임금체제의 큰 틀을 무리하게 변경하지 않아도 되지만 동기브여 효과는 상대적으로 낮다. 순수성과급(merit pay)은 임금 전체에 대해 누적적인 효과를 지닌 임금 인상이 이루어지는 형태이다. 순수성과급에서는 개인이 받는 전체 임금이 기본급이 되며 누진적인 인상이 이루어지므로 동기부여 효과가 큰 장점이 있는 반면에 장기적으로 조직의 부담을 가중시키는 단점이 있다. 혼합형은 순수성과급과 성과가급을 혼합한 형태로 기존 연봉은 누적적 임금 인상이 적용되고 성과가급과 같은 일부분에서는 비누적적 임금 인상이 이루어지는 것이다. 이는 조

〈그림 Ⅰ-8〉 연봉제의 유형

		누적적 성격	
		비누진적	누진적
차별인상 적용범위	전체	프로선수형	순수성과급
	일부	성과가급	혼합형

자료: 박우성 외(2002).

직의 부담을 줄이면서 구성원들의 동기부여 효과를 높이기 위한 방안이다(〈그림 Ⅰ-8〉).

(3) 연봉제의 특징

① 성과급의 일종이다. 연봉제는 임금의 결정에 있어 개별 구성원이 수행한 성과에 의해 임금이 결정되는 성과급에 바탕하고 있다.

② 개별 성과급이다. 연봉제는 개인 대 조직 간의 개별 계약에 의해 이루어진 것이며, 집단성과배분제와는 달리 개인별 성과에 기준한다.

③ 일정 기간의 성과에 기초하여 결정된다. 연봉제는 1년간 받게 될 총액을 일정 기간 관찰된 성과에 기초하여 결정하는 방식이므로 월급이나 인센티브제도와 구분된다.

④ 연봉총액의 결정은 주관적 평가로 이루어진다. 연봉제하에서 연봉총액은 인사고과와 같은 주관적 평가에 기초하여 결정되는 경우가 대부분이다. 여기서 주관적 평가의 의미는 인사고과자의 평가에 의해 연봉액이 결정된다는 뜻이다. 이런 이유로 연봉제를 시행할 때 평가의 정확성과 공정성을 항상 염두에 두어야 한다.

(4) 연봉제 도입의 기대효과

연봉제는 개인의 기여도에 따라 보상하고 더 많은 성과를 내도록 격려하려는 목적에 기반하고 있다. 즉, 임금이 성과에 따라 지급될 경우 개별 구성원들의 근로의욕은 높아지고, 이러한 성과를 바탕으로 조직성과까지 극대화

〈표 Ⅰ-13〉 연봉제의 기대효과

기대효과	내용
우수인력의 확보 및 유지	우수한 인력에 더 많은 보상이 가능해지므로 우수인력의 확보와 유지가 가능해짐
구성원의 동기부여	성과에 따른 보상으로 더 많은 성과를 내기 위해 노력함
능력과 역량 개발	성과를 내기 위해 능력과 역량 개발에 적극적이 됨
인건비의 효율적 관리	개인 및 조직 성과에 의해 보상수준이 결정되어 일방적인 인건비 상승이 억제됨
조직의 변화 촉진	연봉제 정착 과정에서 개인의 권한 확대와 자율성 강화로 조직 전반적으로 문제 해결력 강화

자료: 박우성 외(2000).

할 수 있다는 논리인 것이다. 연봉제 도입의 구체적인 기대효과에는 우수인력의 확보와 유지, 개별 구성원의 동기부여, 능력과 역량 개발의욕 고취, 인건비의 효율적 관리, 학습조직으로의 이행 등이 있다(〈표 Ⅰ-13〉).

(5) 연봉제의 문제점

연봉제의 도입과 시행에서 주지해야 할 점은 연봉제가 만병통치약이 아니라는 사실이다. 연봉제가 가장 활성화된 미국에서도 연봉제의 문제점이 속속 드러나면서 순수하게 연봉제를 시행하기보다는 여러 보상제도를 혼합하여 사용하고 있는 것이 현실이다. 연봉제의 가장 큰 문제는 개인 간에 과도한 경쟁으로 인한 근로의욕 저하이다. 또한 연봉제가 인사고과자의 주관적 평가에 기반하고 있으므로 자신이 저평가되었다고 느끼는 조직원이 많아져 조직 전체에 불신과 갈등이 팽배할 수 있다. 연봉제로 인한 과도한 보상은 현실적으로 조직의 보상재원을 고갈시킬 수 있다. 이렇게 재원 부족으로 충분한 보상을 지급하지 못할 경우 구성원들은 성과 향상에 대한 의욕을 상실하게 된다. 결국 이러한 문제점은 궁극적으로 조직의 분위기나 역량의 저하로 귀결된다.

(6) 연봉제 도입의 성공조건

연봉제를 도입하여 원하는 결과를 얻기 위해서는 철저한 사전 준비와 검토 작업이 이루어져야 한다(안희탁, 2000).

① 연봉제 도입목적의 명확화

연봉제를 도입하기 전에 왜 연봉제를 해당 조직에서 시행해야 하는지와 시행 이후 얻고자 하는 결과에 대한 뚜렷하고 구체적인 상이 그려져 있어야 한다. 뚜렷한 목적의식 없이 시류에 따라, 경쟁업체가 하니까 연봉제를 도입하는 것은 혼란만 가중시킬 뿐이다. 따라서 연봉제의 도입목적을 기업의 외부상황이나 경영방침, 임금정책, 조직문화와 특성 등과 연계해서 신중히 검토하는 작업이 요구된다.

② 공정하고 객관적인 평가

연봉제의 도입목적이 구체적이어도 그 시행 과정에서 구성원들의 불만과 불평이 계속된다면 그 제도는 더 이상 의미가 없어진다. 연봉제 시행에서의 관건은 합리적이고 투명한 평가이다. 인사고과자의 주관적 평가에 기반하기는 하지만 개별 구성원들이 자신의 성과와 연봉을 비교해 보고 그 결과를 수용할 수 있도록 합리적인 기준안과 원활한 소통 채널을 통해 공정성과 객관성을 최대한 확보해야 한다.

③ 조직문화와 풍토 고려

지금은 개인주의적 문화가 그 영향력을 넓혀 가고 있지만, 전통적으로 우리나라 조직에서는 집합주의적 문화의 성격이 강했다. 따라서 조직 전체의 성과를 균등하게 배분받는 보상 시스템이 주를 이루었으나, 점차 개인의 능력에 따라 차별적인 보상이 주어지는 형태로 이행해 가고 있다. 그러나 이런 흐름이 대세이기는 하나 조직문화나 풍토 등에 따라 오히려 심한 반발을 일으키거나 조직문화의 공동화 현상까지 초래할 수 있다는 점에서 연봉제의 도입은 해당 조직의 문화나 풍토에 맞게 선별적으로 시행해야 한다.

④ 개인 간 연봉 차등의 점진적 확대

보상 시스템의 급격한 변화는 연봉제가 갖는 자체적 문제점과는 별개로 구성원들의 반발을 불러일으킬 수 있다. 실적 위주의 풍토로의 빠른 전환을 위해 처음부터 개인 간 연봉 격차를 크게 설정하면 시행 초기에 실패할 가능성이 높다. 그러므로 연봉제 도입 결정이 난 이후에 도입기-성숙기-정착기 등 시기를 세분화해서 연봉 격차를 서서히 늘리는 것이 구성원들의 정서적 적응이나 평가방식의 성숙도에 있어 그 효과를 높여 줄 것이다.

(7) 연봉제의 설계와 운영[1)]

① 조직 내 · 외부의 경영환경 분석

연봉제를 도입하기 전에 조직의 성격이나 외부환경에 대한 분석을 통해 연봉제를 시행했을 때 이들이 서로 정합적으로 맞는지를 밝히는 작업이 선행되어야 한다.

② 연봉제 도입목적의 규명

연봉제 도입이 조직 내 · 외부의 환경과 잘 맞다면 그것을 통해 얻고자 하는 바를 명확히 규정해야 한다. 뚜렷한 목적이 있어야 시행 중에 혼란이 발생하지 않는다.

③ 연봉제 적용대상 및 방법 결정

연봉제 도입목적을 수립한 뒤 연봉제를 전 구성원에게 시행할 것인지, 일부 구성원에게만 적용할 것인지 그 대상과 범위를 결정한다. 시행 초기에는 중간관리자 이상만 적용하는 경우가 많으나 성숙기를 거쳐 정착기로 이행할수록 그 적용범위가 넓어지는 경향이 있다. 또한 연봉제를 어떤 식으로

---

1) 이진규(2001).

〈그림 Ⅰ-9〉 연봉제의 설계와 운영

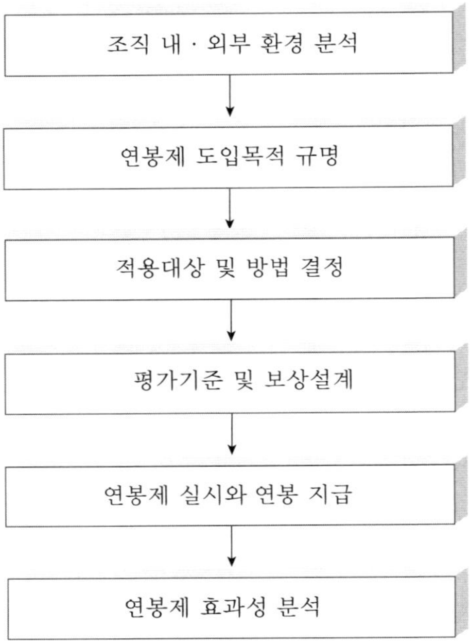

자료: 이진규(2001).

시행할 것인지에 대한 방법론을 결정한다.

④ 연봉제 평가기준 및 보상설계

연봉액을 어떻게 평가하고 보상할 것인가와 관련하여 직접적인 설계에 들어간다. 보통 임금의 인상 적용범위와 누적 성격 유무를 기준으로 그 유형을 나눈다. 이 유형은 앞서 연봉제의 유형에서 자세히 다루었으므로 여기서는 생략하기로 한다.

⑤ 연봉제 실시와 연봉 지급

연봉제가 설계되었으면 구성원들의 의견을 수렴해서 적절한 시기에 점진적으로 시행한다. 연봉의 지급방법은 연봉을 나누어 매달 지급할 수도 있고

분기별로 지급할 수도 있다.

⑥ 연봉제의 효과성 평가

연봉제 실시 이후 그 효과성을 평가함으로써 해당 조직에 더욱 적합하게 다듬을 수 있다. 연봉제의 평가는 크게 개인성과와 조직성과를 평가하는 방식으로 나누어지는데, 개인성과 부분에서는 성과관리의 충실성이나 만족도 등을, 조직성과 부분에서는 조직성과의 향상도나 제도적 정착 정도, 관리상의 문제 등을 평가한다.

제 II 장

기업의 복리후생제도

복리후생은 금전적 · 직접적으로 제공되는 보상인 임금과는 달리 조직이 구성원들에게 비금전적 · 간접적으로 제공하는 보상의 한 유형이다. 복리후생은 개인의 가치관과 사회적 분위기, 조직과 정부의 필요성 등이 맞물리면서 오늘날 그 중요성이 더욱 부각되고 있다. 이 장에서는 조직과 조직구성원 상호 간에 만족할 수 있는 복리후생제도의 구현에 그 목적을 두고, 복리후생의 비중이 증가하는 현 상황을 논의의 출발점으로 하여 복리후생의 정의와 유형, 그리고 그 특징에 대해 차례로 살펴본다. 이를 바탕으로 복리후생제도를 효과적으로 설계하고 효율적으로 운영하는 방안에 대해 학습하고, 현시점에서 특히 각광받고 있는 카페테리아식(선택형) 복리후생제도(cafeteria benefits plan)와 종업원 후원 프로그램(employee assistance program: EAP)의 도입과 설계, 시행에 대해서도 알아본다. 마지막으로 복리후생 프로그램이 제대로 기능할 수 있도록 몇 가지 제언을 덧붙여 살펴보고자 한다.

1 복리후생의 개념

오늘날 조직구성원들에 대한 보상은 앞 장에서 언급한 직접적 보상의 범위에서 확장된 형태로 나타나는 경우가 대부분이다. 구직자들이 직장을 선택할 때의 기준도 기존의 임금 중심적인 관점에서 복리후생까지 아우르는 보상의 관점으로 이동하고 있다. 이는 일과 일상의 삶에 있어 균형적인 조화(work & life balance)를 중시하는 가치관이 사회적으로 널리 퍼지고 있는 현상과 궤를 같이한다. 일과 삶의 질의 균형을 중시하는 사회와 개인의 변화된 가치관에 부응하기 위한 방안 중 하나로 많은 조직들이 복리후생의 확충을 선택하고 있다.

또한 핵심인재를 확보하는 강력한 유인책으로서 복리후생에 대한 관심이 더욱 높아지고 있다. Southwest Airlines사는 탄탄한 복리후생 프로그램으로 매년 '일하기 좋은 회사' 조사에서 1~2위를 차지하고 있는 기업이다. 이러한 평판은 '직원들이 가장 일하고 싶은 회사'의 순위로도 연결되어 Southwest Airlines사에서 사원모집광고를 낼 때마다 다른 항공사의 인사담당자들은 핵심인재들의 유출에 전전긍긍할 정도이다. 이뿐 아니라 복리후생은 핵심인력들을 계속 조직에 남게 하는 '황금수갑(golden handcuffs)'의

〈그림 Ⅱ-1〉 복리후생에 대한 상호 이해관계

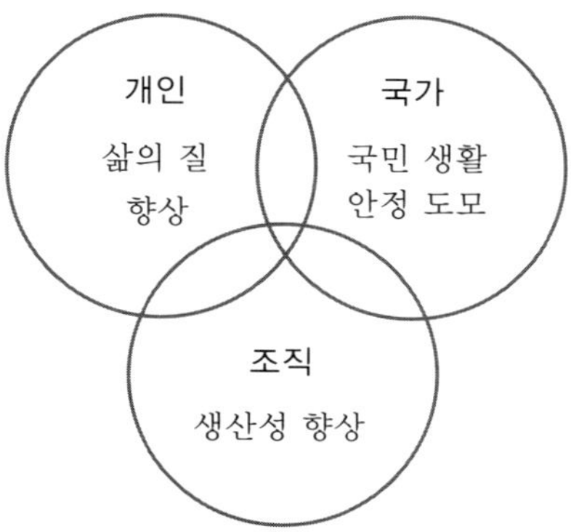

〈그림 Ⅱ-2〉 노동비용 내역별 상승률 및 구성비 추이

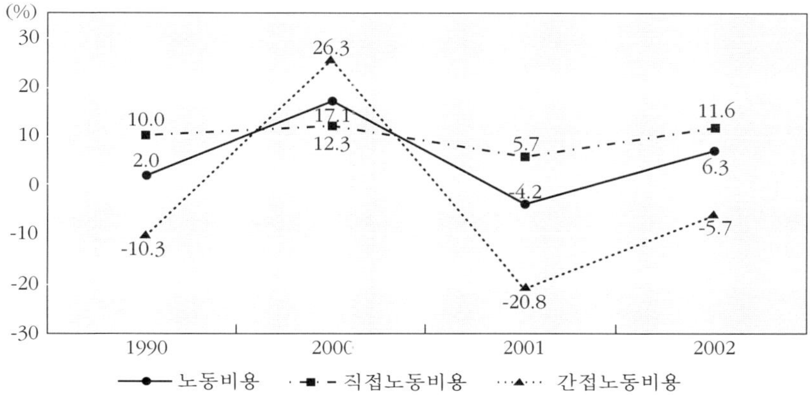

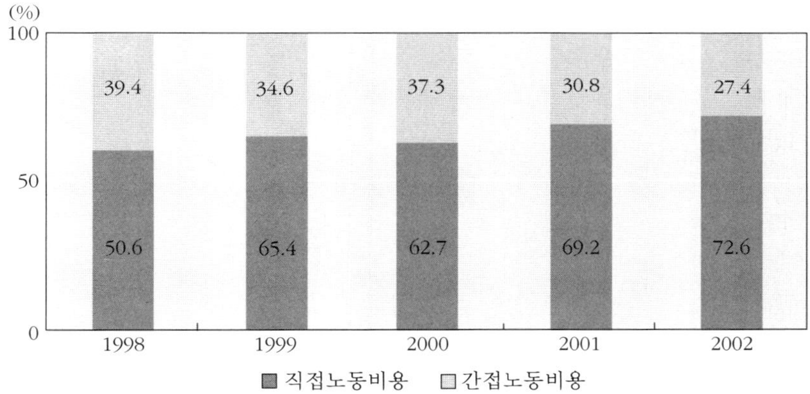

자료: 2002년 회계연도 기준 기업체 노동비용 동향(2003).

역할도 하는데, 특히 여성 인력의 활용에 대한 사회적 관심이 고조되면서 출산 이후에도 고급 인력을 놓치지 않으려는 기업들이 자녀 양육과 관련된 다양한 복리후생 프로그램을 마련하고 있다. 세계적인 카드업체인 Hall Mark 사의 경우 사원들 중 여성의 비중이 높은데, 출산 이후에도 지속적으로 조직에 남아 일을 할 수 있도록 자녀가 학교를 들어가기 전까지 파트타임 근무를 허용하고 있다.

정부 역시 복리후생 비중 증가에 앞장서고 있는데, 우리나라의 경우 특히 1997년 외환위기 전후에 경기가 침체되고 실업률이 치솟으면서 국민생활의

〈표 Ⅱ-1〉 최근 5년간 노동비용 변화 추이 (단위: 천 원, %)

구분	1998	1999	2000	2001	2002	상승률			
						1998	1999	2000	2001
노동비용 총액	2,325 (100.0)	2,371 (100.0)	2,777 (100.0)	2,661 (100.0)	2,828 (100.0)	2.0	-17.1	-4.2	6.3
직접 노동비용	1,409 (60.6)	1,550 (65.4)	1,741 (62.7)	1,840 (69.2)	2,054 (72.6)	10.0	12.3	5.7	11.6
정액 및 초과급여	1,139 (49.0)	1,217 (51.3)	1,350 (48.6)	1,425 (53.6)	1,580 (55.9)	6.9	10.9	5.6	10.8
특별급여	270	333	391	415	474	23.0	17.6	6.2	14.1
간접 노동비용	915 (39.4)	821 (34.6)	1,037 (37.3)	821 (30.8)	774 (27.4)	-10.3	26.3	-20.8	-5.7
퇴직금 비용	613 (26.4)	436 (18.4)	629 (22.6)	385 (14.5)	(10.3)	-28.8	44.2	-38.8	-24.3
법정 복리비	121	163	182	209	221	34.4	11.8	14.8	5.4
법정 외 복리비	141	174	169	174	197	23.2	-2.8	3.0	13.6
교육 훈련비	29	33	40	41	48	15.7	20.8	1.4	19.1
기타	12	15	17	13	17	25.8	12.6	-26.4	35.0

자료: 김성수(2000).

안정이 위협받게 되자 이에 대한 대안으로 정부가 복리후생에 적극적으로 개입하는 양상을 보이고 있다.

〈표 Ⅱ-1〉에서 보는 바와 같이 퇴직금 비용의 감소로 노동비용에서 복리후생이 차지하는 비중은 2000년을 기점으로 줄어들고 있다. 하지만 〈그림 Ⅱ-1〉에 나타난 복리후생에 대한 상호 이해관계에서 보듯이, 삶의 질을 중시하는 개인 가치관의 변화와 핵심인력의 확보 · 유지를 통한 조직성과의 향상, 그리고 국민의 생활안정을 위한 정부정책 등의 이유로 교육 · 훈련비나 건강검진비 등의 비중은 해마다 급격히 늘어나고 있는 추세이다.

1) 복리후생의 정의

중요성이 증가하고 있는 복리후생에 대한 이해를 높이기 위해서는 우선 복리후생이란 무엇인지 알아야 한다. 임금과의 비교를 통해 그 정의를 도출해 볼 수 있는데, 그 차이점은 〈표 Ⅱ-2〉와 같다.

〈표 Ⅱ-2〉 임금과 복리후생의 차이점

구분	임금	복리후생
보상형태	직접적 보상 (금전, 휴가 등)	간접적 보상 (건강진단, 어학학습 지원 등)
보상체제	개인별 차등 지급	집단별 평등 지급
보상요구	필수사항	요구사항
보상효과	경제적 이윤 창출에 초점	심리적 만족감에 초점

이렇게 볼 때, 복리후생이란 조직이 조직구성원이나 구성원의 가족에게 제공하는 간접적인 보상의 집합으로 정의할 수 있다. 복리후생은 금전의 형태로 개별 구성원에게 직접적으로 지급되는 임금과는 달리, 보험 가입이나 휴양시설 이용 등의 간접적이고 비금전적인 형태로 제공된다. 또한 오늘날 그 양상이 조금씩 변화하고 있지만, 통상 복리후생은 집단적으로 평등하게 지급된다. 복리후생 역시 임금처럼 조직성과의 증대를 목적으로 하고 있지만, 일차적으로는 구성원들의 심리적 만족감을 제고하여 조직에 대한 애정을 높이는 데 중점을 두고 있다.

2) 복리후생의 유형

이러한 간접적이고 비금전적인 보상인 복리후생은 크게 법적 구속력이 있는

〈그림 Ⅱ-3〉 복리후생의 유형

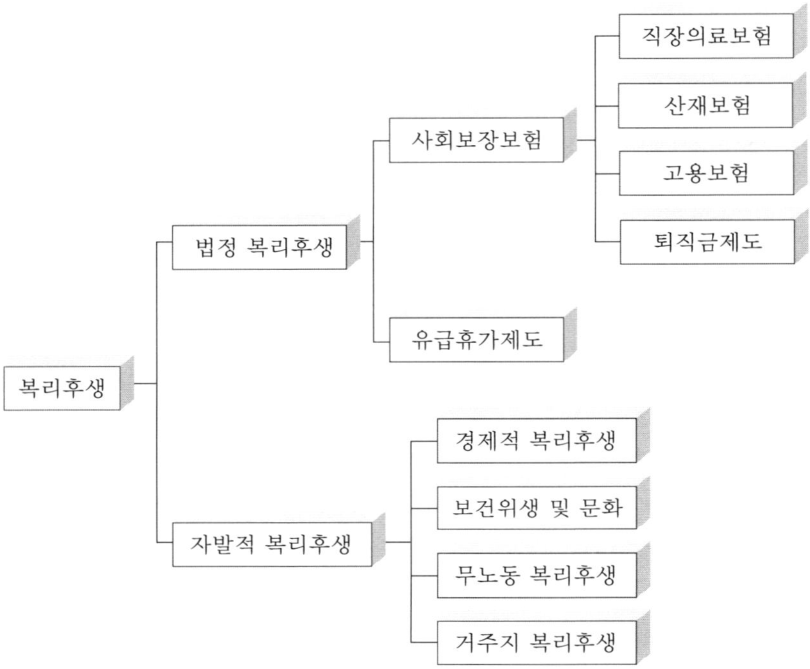

자료: 이진규(2001: 496) 수정 · 인용.

법정 복리후생(legally required benefits)과 조직에서 자발적으로 시행하는 자발적 복리후생(voluntary benefits)으로 구분할 수 있다(〈그림 Ⅱ-3〉 참조).

(1) 법정 복리후생

법정 복리후생은 국가 차원에서 조직의 구성원들을 보호하기 위한 사회보장의 방법으로, 관련 법률을 제정하여 조직으로 하여금 강제적으로 도입 · 시행하게 한 것이다. 법정 복리후생의 종류와 범위는 국가마다 다르지만, 그 근본목적은 조직구성원들의 사회적 생활수준의 보장과 수준의 질적 향상으로 동일하다고 할 수 있다. 우리나라에서는 의료보험, 산재보험, 고용보험 등 사회보험체제가 구축되어 있으며, 퇴직금제도와 유급휴가제도도 법적으로 시행 중이다.

① 건강보험

건강보험은 질병이나 부상 등으로 일시에 고액의 진료비가 소진되어 가계가 떠안을 재정적 부담을 경감하기 위한 목적으로 마련되었다. 보험원리에 의거하여 평소에 보험료를 기금화했다가 사고발생 시 보험급여를 지급함으로써 재정 부분의 위험을 분산시키고 국민에게 의료 서비스를 적시에 제공할 수 있게 한다. 특히 건강보험은 다른 사회보장과는 달리 모든 국민에게 강제 적용되며, 이에 따라 보험료 납부 역시 강제성을 띠고 있다. 그러나 생활형편에 따라 보험금에 차등을 두어 납부할 수 있으며, 보험금의 혜택을 받을 때에는 균등 지급을 원칙으로 하고 있다. 건강보험의 시초는 1963년 제정된 의료보험법이었으나 실질적인 역할을 하지 못하다가, 1977년 7월 1일부터 500인 이상의 사업장 근로자와 공업단지 근로자들에게 강제 적용되어 시행되었다. 1979년에는 300인 이상 사업장의 근로자에게 확대 실시되다가 1980년대에 들어 전국민의료보험 실시에 대한 시행 준비에 들어갔다. 이런 흐름 속에서 직장의료보험은 1981년 1월에는 100인 이상, 1998년 7월에는 5인 이상 사업장의 근로자들에게 확대되어 적용되었으며, 2000년 7월 국민건강보험법이 본격적으로 시행되면서 직장의료보험이 건강보험에 통합된 형태로 적용 · 실시되고 있다.

② 산업재해보상보험

산업재해보상보험은 근로자가 업무상의 사유로 인해 부상을 당하거나 질병에 걸린 경우, 신체장애를 입거나 사망한 경우에 피재근로자나 그 유족에게 법정된 보험급여를 지급하는 제도이다. 업무상 재해에 대해서는 근로기준법에서 사용자에게 직접보상책임을 과하고 있지만, 피재근로자에게 소정의 보상이 주어지지 못하는 경우 피재근로자나 그 유족에게 재해보상을 확실히 보장하기 위해 사회보험방식을 도입하여 산업재해보상제도가 마련된 것이다. 근로기준법에 의해 사용자의 개별 책임하에 이루어지는 재해보상은 벌칙에 의해 담보하고 있지단 현실적으로 신속 · 적절한 보상이 불가능한 경우가 많다. 따라서 산재보험법에 의한 근로자의 업무상 재해 보상의 경우에는 보험의 관장자인 정부(노동부장관)의 책임하에 적용 사업장 근로자가 소속 사업장의 실정과는 관계없이 업무상 재해에 대해 신속 · 공정한 보험급여를 보장받을 수 있도록 하고 있다. 산업재해보상보험에서는 피재근로자나 유족이 보험급여만으로는 노동력의 회복이나 사회 복귀 또는 인간다운 생활유지에 불충분하기 때문에 보험급여뿐만 아니라 각종 보험시설을 설치 · 운영하여 피재근로자의 요양과 재해예방, 근로자의 복지증진을 위한 사업을 시행하기도 한다. 산업재해보상보험은 무과실 책임주의에 근거하며 정률보상방식을 채택하고 있는 강제사회보험으로, 독립된 심사기구에서 이를 담당하고 있다.

③ 고용보험

고용보험은 1980년대 후반부터 발생하기 시작한 인력수급불균형, 산업구조조정에 따른 고용조정지원 및 향후 선진국 진입에 따른 고실업에 대비하고 근로자에 대한 지속적인 능력개발 등을 위한 제도적 장치로 도입이 논의되기 시작했다. 고용보험 도입에 대해 일부에서는 근로의욕의 저하, 실업의 장기화 등 부작용이 초래될 것이라는 우려도 있었으나, 인력자원의 효율적인 활용 · 관리를 위해서는 적극적인 인력정책 추진장치로서의 고용보험의 도입이 필요하다는 데 노 · 사 · 정이 공감하여 1995년 7월 1일부터 이 제도를 시행했으며, 1998년 10월 1일부터는 전 사업장에 확대 실시되고 있다. 현재 고용보험은 시간제근로자 · 공공근로자들뿐만 아니라 2004년 1월 1일을 기해 일용근로자들도 고용보험 혜택을 받을 수 있게 되었다. 또한 1일 최저구직급여를 최저임금액의 70%(기존 50%)로 조정했으며, 구직급여최저지급일수 역시 60일(기존 30일)로 조정되어 시행되고 있다.

④ 퇴직금제도

퇴직금제도는 근로자가 조직에서 퇴직할 때뿐만 아니라 퇴직 전에도 이직 및 해고 등의 이유로 자발적으로 혹은 비자발적으로 일시 퇴직했을 경우에 지급되는 임금을 말한다. 따라서 퇴직금제도는 노후의 생계유지수단이었으며, 일시 퇴직의 경우 구직활동기간 중 생계보조나 재취업을 위한 준비자금의 역할을 했다. 이렇게 볼 때 퇴직금제도는 노령연금이나 고용보험과 같은 성격을 가지고 있다고 할 수 있다. 그러나 1963년 근로기준법 제정 당시 연금형태가 아닌 일시금제의 형태로 마련되어 오늘날과 같은 고령화시대에 있어 적합성이 떨어진다는 목소리가 높다. 특히 우리나라의 경우 2000년에 고령화사회로 진입한 이후 2019년에는 고령사회가 될 것으로 예상되는데, 이는 미국 71년, 프랑스 115년, 일본 24년과 비교하여 그 기간이 유례가 없을 정도로 짧다. 그럼에도 현행 퇴직금제도는 노령화로 가는 가속 페달을 멈추게 하는 브레이크의 기능을 제대로 하지 못하고 있다. 실제로 LG경제연구소의 조사 결과 근로자의 70%가 퇴직금만으로 5개월 이상 생계유지가 곤란하다는 답변을 하였다(최수미, 2003). 이에 따라 사용자와 근로자가 서로 어느 정도의 돈을 적립하고 운용해서 퇴직 이후 지급하는 기업연금제가 시행 중에 있으며, 기초노령연금제도가 입법 추진 중에 있다.

⑤ 유급휴가제도

유급휴가제도는 근로 과정에서 쌓인 스트레스와 피로를 최소화하여 업무생산성 향상을 도모하기 위한 방안으로, 여기에는 근로휴식, 휴일, 월차와 연차유급휴가 등이 있다. 근로휴식은 4시간 근무일 경우 30분 이상, 8시간 근무일 경우 1시간 이상의 휴식 시간을 주어야 한다는 규정이다. CJ의 경우 오전 7시부터 오후 9시까지 사내 피트니스 클럽을 개방하여 휴식시간에 자유롭게 운동할 수 있도록 하고 있다. 휴일은 7일의 근무기간 중 하루, 즉 24시간의 휴식시간을 주어야 한다. 오늘날은 주 5일제 시행이 보편화되면서 많은 기업에서 기존 24시간에서 48시간으로 휴식시간을 늘려 시행 중이다.

월차유급휴가는 한 달에 하루는 유급휴가를 주어야 한다는 규정인데, 이 경우 법정 공휴일이나 주휴일은 휴가일에서 제외된다. 월차유급휴가의 경우 1년간 누적해서 사용하거나 분할 가능하지만, 그 해가 경과하면 누적 일수는 없어진다. 연차유급휴가는 1년간 개근한 근로자에게는 10일, 90% 이상의 출근율을 보일 경우에는 9일의 유급휴가를 제공해야 하는데, 1년 이상 근무하면 다음 해부터는 1일씩 휴가가 더해지며, 질병이나 가족의 경조사의 경우는 유급휴가일에 포함시키지 않는다.

(2) 자발적 복리후생

자발적 복리후생은 법적 구속력이 없이 조직에서 자율적으로 실시되므로 조직의 특성이나 성격, 환경에 따라 시행 프로그램의 종류와 범위가 다양하다. 이러한 복리후생 프로그램은 크게 경제적 복리후생, 보건위생 및 문화생활 복리후생, 무노동 복리후생, 그리고 거주생활 복리후생으로 나눌 수 있다.

① 경제적 복리후생

조직이 근로자들에게 간접적으로 금전적인 보조를 해 주는 프로그램이다. 근로자들이 주택구입자금 융자를 받을 때 시중 금리보다 싼 이자로 대출을 받을 수 있게 한다거나 자녀들의 교육비 보조, 출퇴근 교통수단 및 비용을 지원해 주는 것 등이 이에 해당된다. SK Telecom의 경우 27.5평 미만의 주택임차 시 연이율 3%에 최대 2,000만 원까지 대출해 주며, S-Oil은 중 · 고등학생 또는 대학생 자녀를 둔 근로자들을 위해 등록금 전액 지원과 유치원생이나 초등학생을 둔 근로자들에게는 월 10만 원씩 학비를 보조해 주고 있다.

② 보건위생 및 문화생활 복리후생

무료건강검진이나 건강상담을 통해 직원들의 보건위생상태를 높이고 각종 편의시설 이용 시 할인혜택을 주거나 무료로 이용할 수 있게 해 주는 것을 말한다. 매년 종합검진을 실시하며 3~4개월에 한 번씩 검진이나 상담을 받을 수 있도록 하고, 자체 휴양시설이나 레저 회사와의 제휴를 통해 종업원들에게 각종 휴양시설을 이용할 수 있도록 하는 것 등이 이에 포함된다. 그 밖에도 조직 내에 동아리 활동 지원이나 각종 문화행사비 보조 등을 통해 직원들의 육체적 건강뿐만 아니라 정신적 건강까지도 복리후생을 통해 실현하는 기업들이 늘고 있다. INI STEEL의 경우 설악산, 제주 등지의 약 10여

개 콘도와 리조트를 직원들이 원할 때 사용할 수 있도록 개방하고 있다. 또한 격년으로 1인당 약 25만 원 정도의 건강검진 프로그램도 제공한다. 2003년 신(新)노사문화대상을 수상한 LG 마이크론의 경우 매달 800여 명이 참여하는 '금마낚시회' 외에 볼링, 영화감상, 여행 등의 동아리를 지원하는 데 열성적인데, 이로 인해 사원들 간의 친목도모는 물론 노사화합의 조직문화형성이라는 효과까지 얻게 되었다. 2003년 전사고객만족경영대상을 수상한 교보생명의 경우에도 CS(고객만족)라는 사내 동아리가 커지면서 고객만족의 가치를 사원들 스스로 성과를 일궈낸 사례로 손꼽힌다.

③ 무노동 복리후생

무노동 복리후생은 근로에 대한 금전적 보상을 휴가와 같은 비금전적인 보상으로 대신하는 것을 말한다. 기존의 휴가일보다 더 많은 휴가를 준다거나 고정된 휴가가 아니더라도 휴가를 주는 경우가 포함된다. 광고회사인 오리콤의 경우 직원 150명 전원에게 4박 5일의 일본 테마여행을 보내주면서 1인당 100만 원의 여행경비까지 지원해 주어 화제가 되기도 했다. 네이버와 한게임 운영사인 NHN은 3년 이상 근무한 직원들을 대상으로 배낭여행 휴가를 주어 2003년에만 280명 중 1/3인 90명이 혜택을 받았다.

④ 거주생활 복리후생

거주생활 복리후생이란 본래 거주하던 지역과는 다른 곳에서 근무하는 사원들을 위해 거주지를 마련해 주는 프로그램이다. POSCO 등 많은 기업에서 독신자들을 위한 합숙소를 마련해 두고 있으며, 가족과 함께 사는 사원들의 경우 주택대여수당 등을 지급하여 거주생활을 안정화함으로써 직원들이 직무에 몰두할 수 있도록 배려하고 있다.

3) 복리후생의 특징

법정 복리후생과 자발적 복리후생으로 대별되는 복리후생 프로그램에는 다음과 같은 특징들이 있다.

우선 복리후생은 제도적으로 의무화되어 있다는 점이다. 앞에서 살펴본 것처럼, 법정 복리후생은 반드시 조직이 사원들에게 제공하도록 법률로써 이를 규정하고 있으므로 다분히 의무성을 담지하고 있다고 할 수 있다. 반면 자발적 복리후생은 반드시 제공해야만 하는 의무적 성격이 없기 때문에 조직에 따라 그 시행 범위와 종류를 탄력적으로 적용·시행할 수 있다. 복리후생은 이러한 양면적 성격을 지니고 있기 때문에 복리후생에 대한 합법성 부분에서 딜레마가 발생하기도 한다. 또한 복리후생은 임금과는 달리 그 종류와 범위가 매우 상이하여 이를 시행하는 조직에서는 복잡성으로 인해 혼란을 겪는 경우도 빈번하다. 특히 요즘 사원들의 다양한 욕구를 충족시키기 위해 카페테리아식(선택형) 복리후생제도를 시행하는 기업들이 늘어나면서 이에 대한 어려움이 가중되고 있다.

2 복리후생의 설계와 운영

1) 설계와 운영상의 원칙

(1) 공정성

임금과 같은 직접적 보상뿐만 아니라 복리후생과 같은 간접적 보상의 경우에도 프로그램 설계에 있어 공정성은 가장 중요한 원칙 중 하나이다. 특히 복리후생의 경우에는 개인의 능력에 입각해서 지급되는 임금과는 달리, 모든 사원들이 동등한 입장에서 동일한 복리후생을 제공받는 것이 일반적이기 때문에 공정성에 대한 사원들의 민감도는 더욱 커질 수밖에 없다. 다른 조직이나 조직 내 다른 사람들과 비교해서 복리후생의 정도가 낮다고 느끼면 사원들의 근로의욕이 저하되거나 극단적인 경우 이직의 이유로 작용할 수도 있다.

(2) 일관성

복리후생 프로그램에서 또 하나 염두에 두어야 할 것이 바로 일관성이다. 경영자의 임의대로 복리후생 프로그램을 중단하거나 사원들의 욕구와는 무관한 프로그램을 급작스럽게 실시하는 등 비일관적인 설계와 운영은 사원들에게 혼란만을 가중시키고 나아가 조직에 대한 신뢰감마저 무너뜨리는 결과를 초래할 수도 있으므로 일관성 있는 복리후생 프로그램의 설계와 시행이 매우 중요하다.

(3) 상호 협력성

복리후생이 조직에 생산성 향상과 소속감 제고 등과 같은 효과를 가져다 줄 수 있지만, 이는 사원들의 욕구와 복리후생 프로그램의 종류와 범위가 일치했을 때 비로소 가능하다. 지속적인 대화를 통해 사원들의 욕구를 파악하고 이를 복리후생 프로그램에 반영함으로써 조직과 조직구성원 모두의 Win-Win이 가능해진다.

(4) 적절성

상호 협력성이 사원들의 욕구에 그 초점을 맞추었다면 적절성은 좀 더 조직의 관점에 근접한 원칙이라 할 수 있다. 모든 사원들 각자의 다양한 욕구를 충족시키는 복리후생이 최상이라고 할 수 있으나, 이러한 방법을 시행하는 데 있어 현실적인 어려움 또한 간과할 수 없다. 복리후생비가 너무 높아질 경우 총인건비가 상승하여 조직이 복리후생 프로그램을 지속할 수 없게 되므로, 사원들의 복리후생 욕구 정도와 조직에서 부담 가능한 복리후생 수준의 상호 접점을 찾아야 한다.

2) 계획과 운영

(1) 사원들의 욕구 파악

사원들 개개인의 관심사항이 무엇인가는 그 사람이 처한 상황이나 성격 등 다양한 변수들에 따라 다양하고 또한 변화한다. 복리후생의 시행을 통해 최적의 효과를 얻으려면 이러한 상이하고도 변화무쌍한 욕구들을 파악하고 이를 복리후생 프로그램에 반영시키는 노력이 따라야 한다. 취학 자녀를 둔 사원의 경우에는 자녀들의 학비가 가장 큰 부담으로 다가올 수 있기 때문에 학비 지원 등과 같은 프로그램이 더 적합할 수 있다. 반면 젊은 사원의 경우에는 영화관람이나 어학학습 지원 등 문화생활 향유나 자기계발 방면에 더 많은 지원을 바랄 가능성이 높다. 이러한 욕구들을 파악하기 위해서는 먼저 활발한 의사소통이 가능해야 한다. 문제는 비용과 시간이다. 예전에는 직접적인 사원들과의 만남이나 개별 선택 설문지의 발송, 복리후생 책자 발간 등을 통해 의견을 수렴하여 적지 않은 비용과 시간이 들었으나, 오늘날에는 사내 온라인 게시판을 이용하거나 개별 전자메일 발송, 인터넷 건의함을 통해 비용과 시간을 대폭 절감하면서 더욱 활발한 의사소통이 가능해지고 있다.

(2) 비용검토

앞서 언급한 적절성의 원칙에서 보듯이 개별 사원들의 욕구를 충족시켜주는 방향으로 복리후생 프로그램이 설계되어야 하지만, 현실적으로 모든 사원들의 만족을 이끌어내기 위한 비용산출은 거의 불가능에 가깝다. 조직 차원에서 총인건비 중 복리후생에 할당할 수 있는 예산이 제한되어 있기 때문이다. 따라서 복리후생 프로그램 설계 시에는 회사의 전체 운영 예산이 얼마이며, 여기서 복리후생비용으로 몇 %를 사용할 수 있는지에 대한 비용 검토작업이 이루어져야 한다. 특히 법정 복리후생의 경우 의무적으로 시행해야 하므로 전체 복리후생비용에서 법정 복리후생비를 제외한 부분을 자발적 복리후생 프로그램에 탄력적으로 배분해야 한다.

이렇게 배분된 비용들이 얼마만큼의 효과를 낼 수 있을지에 대한 사전 검토도 이루어져야 한다. 조직에서 최소의 복리후생비용을 들여 구성원들이 최대의 만족을 얻는 것이 가장 합리적이며 바람직하다. 그러나 복리후생의 범위나 종류 등에 따라 비용과 그 효과는 천차만별이 될 수 있다. 따라서 비용 대비 효과 정도를 분석하여 효과 정도가 높은 경우 시행하고 반대로 효과정도가 낮은 경우 시행을 보류하거나 비용 조정을 통해 수치를 높여 재시행할 수도 있다. 비용 대비 효과뿐만 아니라 공정성도 검토해야 한다. 사원들이 복리후생의 공정성이 떨어진다고 느낄 경우 조직이 아무리 많은 복리후생비용을 지출한다 하더라도 그 효과는 현저히 감소하거나 오히려 사원들의 불만을 불러일으키는 역효과를 초래할 수 있다. 따라서 조직은 구성원들이 조직 내에서뿐만 아니라 조직 외부의 공정성 확보를 위해 내 · 외부 조직구성원들의 복리후생 정도를 비교 · 검토하는 절차를 반드시 거쳐야 한다.

(3) 수혜대상 선정

복리후생은 모든 조직구성원에게 동등하게 제공되는 것이 일반적이다. 그러나 현실적으로 동일 조직 내에서도 직무에 따라 복리후생을 달리해야 할 경우가 발생한다. 제약회사에서 신약을 개발하는 경우 그 과정은 정규 근무시간보다는 특정 신약의 개발기간을 두고 복리후생을 제공한다. 이 경우 신약이 완성되었을 경우 신약 연구 · 개발팀이 받게 되는 보상은 영업팀이나 인사팀과는 달리 차등적으로 지공되어야 한다. 이러한 경우에서의 차등보상은 균등보상보다 오히려 조직구성원들이 공정하게 보상받고 있다는 인식을 심어 준다.

이러한 차등보상의 문제는 채용형태가 다양해지면서 중요성이 더욱 부각되고 있다. 노동시장의 유연성이 높아지면서 많은 조직에서 아웃소싱을 하거나 파트타임을 통해 비정형 근로자의 비율을 대폭 늘리고 있다. 비정형 사원들은 비교적 짧은 기간 동안만 조직에 소속되어 있으므로 정규 사원들과는 다른 복리후생을 제공받게 된다. 자발적 복리후생뿐만 아니라 법정 복리후생인 4대 사회보험을 받는 데도 어느 정도의 제약이 존재한다. 따라서 어느 정도 수준의 복리후생을, 어느 정도 범위의 사원들에게 제공할 것인가에 대한 검토가 필요하다. 요즘 선택형 복리후생제도가 널리 시행되면서 사원들의 인구통계학적 변수 또한 복리후생을 설계할 때 고려해야 할 사항이 되었다. 조직구성원들의 성비나 연령대 등을 파악하여 이를 복리후생 프로그램에 적극 반영함으로써 복리후생 효과를 최대화할 수 있다. 이런 분석을 통해 각 조직에서는 복리후생 프로그램을 패키지화해서 연령대나 선호도에 맞게 선택할 수 있게 하거나 통합 마일리지 형태로 일괄 제공해서 개별적으로 선택할 수 있도록 한다.

3) 설계와 운영 시 고려사항

앞서 언급한 것처럼 복리후생에는 크게 법정 복리후생과 자발적 복리후생이 있다. 법정 복리후생은 강제성을 띠고 있는 반면, 자발적 복리후생은 조직의 특성이나 처한 외부환경 등을 고려하여 선택적으로 실시할 수 있다. 특히 자발적 복리후생의 경우 조직에 재량권이 주어져 있으므로 복리후생을 본격적으로 실시하기 전에 조직의 목적이나 다른 보상 프로그램들과의 적합성 여부, 조직의 지원가능규모 등을 고려하여 복리후생의 유형을 선택해야 한다(Gomez-Mejia et al., 2001 : 400).

(1) 조직목표와의 적합성

조직목표는 해당 조직이 나아가고자 하는 방향성을 의미한다. 조직이 의도한 방향으로 가기 위해서는 조직구성원들의 근로의욕과 만족감을 고양시킬 필요가 있다. 그러나 세부적으로 들어가 보면 조직의 목표에 따라 구성원에게 동기부여하는 복리후생의 방법이 달라진다. 예를 들어 조직의 목표가 사원들의 만족을 최대화하는 데 있다면 이에 따라 복리후생 역시 모든 사원들에게 동등한 수준과 유형으로 제공될 것이다. 반면 조직의 목표가 조직성과의 최대화에 있다면 복리후생도 개인이나 팀의 성과에 따라 차등 배분될 수 있다. 대부분의 기업에서 복리후생의 경우에는 임금과는 달리 전 사원에게 동등하게 제공해 왔다. 그러나 오늘날에는 복리후생의 영역에도 성과에 기반한 차등보상의 움직임이 일어나고 있는데, 2003년 7월 마쓰시타 그룹에서는 2004년 초부터 일본에서 최초로 성과중심 복리후생제도를 실시하겠다고 발표하기도 했다.

(2) 조직 특성과의 적합성

여기에서 조직 특성은 조직의 사업 특성이나 사원들의 전반적인 구성형태를 뜻한다. 일반적으로 선박이나 자동차 등과 같은 중공업 종사자들은 퇴직연금에 대한 요구사항이 높은 데 비해, IT나 BT 업종의 사원들은 휴가에 대한 관심이 높다. Apple Computer의 경우 아예 퇴직연금을 철폐하고 휴가나 임금으로 대체하기도 했다. 또한 여성의 비율이 높은 조직에서는 육아휴가를 주거나 탁아소 · 보육원을 운영하여 안심하고 업무를 볼 수 있도록 배려하고 있다.

(3) 실행비용의 적정성

사전계획에서 비용 통제 부분과 연관되는 것으로, 조직의 목표와 특성에 적합하다 하더라도 현실적으로 조직이 감당할 수 있는 범위 밖에 있는 복리후생의 설계는 아무런 의미가 없다. 다라서 조직의 목표와 특성을 고려하여 선택한 복리후생 유형들을 현실적 감당 비용과 긍정적 예상 효과로 나누어 그 정도를 비교해 봐야 한다. 이상적으로는 비용과 효과를 비교하여 그 차이가 가장 큰 것을 선택해야 하나, 현실적으로는 그 차이가 적거나 반대로 나올 수 있으므로 복리후생비용 산정과 비용 대비 효과 산출에 주의를 기울여야 한다.

복리후생 설계상의 원칙들과 사전계획, 그리고 유형선택 시 유의할 점 등을 검토하여 해당 조직에 맞는 복리후생의 유형들을 선택하여 실행한다. 오늘날 대부분의 조직에서 실시하는 복리후생은 임금보상의 경우와 마찬가지로 단 한 가지 유형만 운영하기보다 복리후생 혼합(benefits mix) 형태를 취하는 경우가 일반적이다. 여러 복리후생 프로그램이 혼합되어 있으므로 패키지 형태가 많다.

3 새로운 복리후생제도

1) 카페테리아식(선택형) 복리후생[1)]

요즘 복리후생제도 중 가장 각광을 받고 있는 것이 선택형 복리후생제도, 이른바 카페테리아식 복리후생제도이다. 카페테리아식 복리후생제도는 1974년 미국의 TRW사(1995년 *Fortune*지 선정 121위)와 ETS사(TOEFL, TOEIC, SAT 등 출제기관)에서 처음 실시한 이후 오늘날에는 *Fortune*지 선정 500대 기업 중 3/4 이상이 실시하고 있다. 일본의 경우에도 1995년 엔고의 압력과 생애복지 프로그램의 비용부담 등을 이유로 베네사사와 세이모토사가 도입한 이후 세계적인 브랜드인 소니, 마쓰시타, 후지쯔 등도 카페테리아식 복리후생제도를 적극 시행 중이다. 우리나라의 경우 1996년 한국 IBM이 이 제도를 설계하여 이듬해 국내 최초로 시행하였다. 이후 CJ, 삼성전자, POSCO 등도 1997년 이후 도입하여 시행 중에 있다. 개인의 자율성과 선택권이 중시되는 사회적 가치관이 일반화되었고, 그동안의 복리후생이 막대한 비용에 비해 사원들의 만족도가 낮았다는 인식하에서 카페테리아식 복리후생제도는 대표적인 복리후생의 하나로 그 입지를 굳히고 있다.

(1) 정의

카페테리아식 복리후생제도(cafeteria benefits plan)란 사전에 설계된 다양한 복리후생 메뉴 중 일정 금액의 한도 내에서 개인의 니즈에 맞춰 복지항목 및 수혜 수준을 선택할 수 있게 한 제도로, 흔히 'tailored benefits plan' 또는 'flexible benefits plan'으로도 불린다. 카페테리아에서 정해진 한도 내에서 메뉴를 선택하는 것처럼, 사원들은 자신에게 할당된 금액이나 포인트 내에서 복리후생 메뉴들을 선택할 수 있다.

1) LG경제연구원 보고서인 「카페테리아식 복지 제도의 도입 방안에 관한 연구」(1997-06)를 참고하여 인용 · 수정한 것임.

(2) 유형

카페테리아식 복리후생제도는 기업 내부 환경과 사원들의 니즈에 따라 그 유형이 매우 다양하다. 따라서 그 유형을 나누기가 매우 힘들지만, 편의상 크게 추가선택형, 패키지형, 소비계정형의 세 가지로 구분하는 것이 일반적이다(〈그림 Ⅱ-4〉).

① 추가선택형(core benefit plan, core-plus benefit plan)

추가선택형은 조직이 사원들에게 '코어(core)'라 불리는 최소한의 필요 복리후생 항목 및 수준을 제공한 뒤, 사원들에게 부여된 일정 점수 내에서 코어를 필요한 만큼 추가할 수 있게 하는 것이다. 추가선택형은 카페테리아

〈그림 Ⅱ-4〉 카페테리아식 복리후생제도의 유형

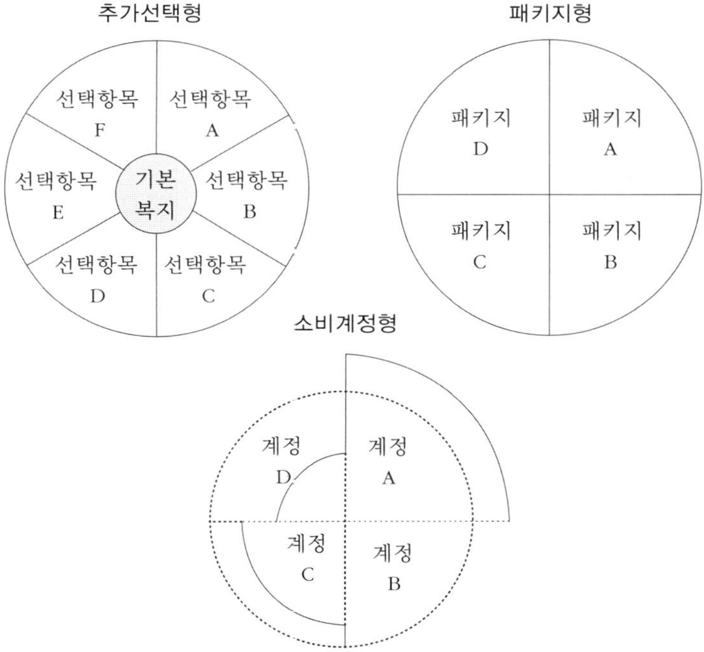

자료: Cole, Jr.(1983) 등을 참조하여 작성.

식 복리후생제도 유형 중 가장 널리 활용되고 있는 형태이다. 이 제도의 목적은 사원들에게 선택의 자유를 최대한 보장하면서도 조직의 입장에서는 사원들에게 최소한 필요하다고 생각하는 것에서는 의무적으로 혜택을 받게 하는 데 있다. 따라서 개인의 의사는 존중해 주되, 최소한의 부분을 코어로 강제 제공하는 형태를 띤다. 그러나 현실에서는 사원들이 단기적인 시각으로 특정 복리후생항목만 선택하는 경우가 많아 대부분의 조직에서 각 항목별 최대허용점수(credit)를 설정해 두고 있다.

② 패키지형(package plan, modular plan, alternative dinners plan)

패키지형은 다양한 복리후생항목들을 수준에 차이를 두면서 골고루 섞어 여러 패키지를 제시한 다음 사원들에게 선택하게 하는 유형이다. 각 패키지는 어디에 중점을 두느냐에 따라 특성들이 모두 다르지만 현금으로 환산했을 때는 거의 동일하다. 패키지형은 특히 생애 복지의 개념과 혼합하여 연령별로 다양한 복리후생 프로그램을 제공할 수 있는 특징이 있다. 또한 추가선택형에서 나타나는 특정 항목에 대한 집중과 왜곡을 완화할 수 있다. 이 경우 개인 선택의 자율권이 추가선택형에 비해 어느 정도 제한되는 면이 없지 않으나, 복지설계능력이 떨어지거나 관심이 덜한 사원들의 부담을 덜어 줄 수 있다는 이점도 지니고 있다.

③ 소비계정형(flexible spending account: FSA)

소비계정형은 복리후생항목을 크게 분류하여 계정의 형태로 운영하는 유형이다. 앞서의 추가선택형이나 패키지형은 각 항목별로 미리 설정된 가격에 따라 선택 여부를 결정하지만, 소비계정형에서는 사원들이 필요로 하는 복리후생항목을 설정하고 개인에게 부여된 점수(credit)를 각 계정별로 할당할 수 있게 한다. 이후 사원들이 계정별로 지원대상으로 결정된 상품이나 서비스를 구매하거나 이용할 때 계정별로 할당된 점수는 비용으로 처리된다. 이런 점에서 소비계정형은 개개인에게 가장 맞춤화된 복리후생이라고 할 수 있다. 그러나 이 경우 개개인이 복리후생 프로그램을 일일이 설계해야 하므로 이것이 또 다른 스트레스로 작용할 수 있다. 조직의 입장에서도 소비계정별로 지원대상으로 결정된 상품이나 서비스를 나열해 주면 되므로 초기설계비용이 적게 드는 이점이 있으나, 사원들의 다양한 선택을 아우를 수 있는 시스템이 뒷받침되어 있지 못할 경우 복리후생 프로그램 자체를 통제하기 어려울 수 있다.

(3) 설계와 운영

① 기본설계 단계

㉠ 추진체제의 구축: 복리후생 설계 전문가로 구성된 프로젝트팀과 자문을 담당하는 노조인력이 중심이 된 실무자문위원회로 추진체제를 구축한다. 이때 외부인력을 참여시키는 것도 좋은 방법이다. 우리나라에서 최초로 카페테리아식 복리후생제도를 시행한 한국 IMB의 경우 싱가포르 IBM과 미국 본사의 복리후생제도를 벤치마킹해서 외부인력의 도움 없이 프로그램을 설계했으나, 많은 경우 복리후생 부분에 특화된 컨설팅업체를 활용하고 있다.

㉡ 니즈 조사 준비: 니즈 조사를 위해 설문을 준비해야 하는데, 설문 항목은 과거 노사협상 및 고충처리 과정에서 제기되었던 자료들을 토대로 작성한다. 또한 인터뷰를 통해 보다 직접적인 의견을 수렴하여 설문에 반영해야 한다.

② 니즈 조사 단계

완성된 설문지를 통해 직접 사원들의 니즈를 조사한다. 이렇게 조사된 자료들을 중요도와 니즈의 특성에 따라서 분석한다. 이때 중요도 평가는 양적 방법 외에 질적 방법을 동시에 적용하여 도출해야 하며, 니즈 평가는 어떤 집단이 어떤 요구를 중점적으로 제기하는지 파악해야 한다.

③ 상세 설계 단계

㉠ 내용 및 운영절차 설계: 내용설계방식은 앞서 조사한 니즈를 중심으로

〈그림 Ⅱ-5〉 복지 니즈 설문의 예

1. 아래에 나열된 복지 항목들에 귀하와 귀하의 가족들에게 중요하다고 생각하는 순서대로 괄호 안에 번호를 적어 주십시오. 예를 들어 가장 중요하다고 생각하시는 항목에 1, 그 다음으로 중요한 항목에는 2를 적는 식입니다.

항목	중요도
의료비	( )
교육비	( )
휴가	( )
개인연금	( )
생명보험	( )
육아	( )

2. 아래에 나열된 복지 항목들을 우리 회사에서 지원이 잘 안 되고 있다고 생각하시는 순서대로 괄호 안에 번호를 적어 주십시오. 예를 들어 가장 지원이 안 되고 있다고 생각하시는 항목에 1, 그 다음으로 지원이 안 되고 있다고 생각하시는 항목에 2를 적는 식입니다.

항목	중요도
의료비	( )
교육비	( )
휴가	( )
개인연금	( )
생명보험	( )
육아	( )

3. 다음 항목들 중 귀하의 의견과 일치하는 것을 골라 □ 안에 체크(∨)해 주십시오.

□ 우리 회사는 복지수준 향상보다는 임금수준 향상에 더 신경을 써야 한다.

□ 우리 회사는 임금수준 향상보다는 복지 수준 향상에 더 신경을 써야 한다.

4. 다음 항목들은 귀하의 의견을 효과적으로 반영하기 위한 것입니다. □ 안에 체크(∨)해 주십시오.

1) 나이
□ 26세 이하 □ 27~35세
□ 35~45세 □ 45~55세
□ 56세 이상

2) 성별
□ 남성 □ 여성

3) 결혼 여부
□ 미혼 □ 기혼

4) 근속 기간
□ 1년 이하 □ 1~5년
□ 6~10년 □ 11~20년
□ 20년 이상

5) 직군
□ 생산직 □ 사무직 □ 연구직

지금까지 성심껏 답변해 주셔서 감사합니다. 귀하께서 위의 질문들과 관련해서 의견이 있으시면 뒷면에 적어 주십시오.

복리후생항목들을 선택한다. 이 경우 조직이 감당할 수 있는 비용한계 내에서 항목을 선택해야 한다. 운영절차는 등록일정, 등록양식 제공방법, 자금운영, 비용처리 등을 중심으로 설계한다.

〈그림 Ⅱ-6〉 카페테리아식 복리후생제도의 설계와 운영

1. 기본설계

1. 추진체제의 구축
   - 프로젝트팀
   - 실무 자문위원회
2. 상세설계 일정의 확정 및 선진기업 벤치마킹
3. 니즈 조사 준비
   - 기존 요구사항 검토
   - 현장 인터뷰
   - 설문대상 선정 및 설문지 디자인

↓

2. 니즈 조사

1. 설문지 배포/회수
2. 니즈 내용 분석
   - 니즈의 중요도 평가
   - 연령대별 · 지역별 · 성별 특성 파악 등

↓

3. 상세설계

1. 내용 설계
   - 메뉴의 구성
   - 점수운영방식 선정
   - 법적 · 제도적 제약 확인 등
2. 절차 설계
   - 등록 및 클레임 제기 절차 등
3. 복지정보 시스템 설계
   - 운영 시스템
   - 의사결정 지원 시스템

↓

4. 실시 준비

1. 커뮤니케이션 실시
   - 제도의 취지, 기대효과, 운영절차, 유의점 등
   - 커뮤니케이션 방식의 선택
2. Pilot Test 대상 선정
   - 성공 가능성의 고려
   - 임직원의 다양성 고려

ⓛ 복리후생 정보 시스템의 설계: 카페테리아식 복리후생제도는 개인에게 선택권이 있기 때문에 경우의 수가 다양할 수밖에 없다. 이러한 다양성은 자칫 조직이 사원들의 복리후생을 통제하지 못하게 만들 수 있어 1970년대에 카페테리아식 복리후생제도가 실시되었으나 그다지 많은 주목을 받지 못했다. 그러던 것이 1980년대에 들어 정보통신의 발달로 조직이 통제할 수 있는 범위가 넓어지면서 카페테리아식 복리후생제도는 다시금 힘을 얻기 시작했다.

복리후생 정보 시스템은 크게 제도의 효율적 시행을 지원하는 운영 시스템과 합리적 의사결정을 지원하는 전문가 시스템으로 구분된다. 이때 운영 시스템은 다른 인사 관련 시스템과의 호환성과 수정에 따른 대응의 용이성 등이 우선적으로 고려되어야 한다. 전문가 시스템은 제공되는 복리후생혜택들이 최대한의 효과를 내도록 사원들을 교육해야 하지만 현실적 제약으로 이러한 교육이 제대로 이루어지지 못함을 보완하기 위한 것으로서, 사원들이 복리후생항목 선택 시 어떠한 선택을 했을 때 가장 큰 만족을 얻을 수 있는지에 대해 합리적 의사결정을 하도록 도와주는 데 초점을 맞추어 설계되어야 한다.

④ 실시 준비

모든 설계가 끝나면 시행 전 철저한 준비작업이 따라야 한다. 특히 복리후생제도상의 변화는 사원들의 불만을 초래할 수 있으므로 충분한 커뮤니케이션을 통해 제도 시행의 취지, 기대효과, 운영절차 등에 대한 정보를 공유할 수 있어야 한다. 또한 본격적으로 시행하기 전에 특정 집단에 Pilot Test라 불리는 사전검증작업을 거침으로써 문제점을 보완 · 수정할 수 있고 사원들의 피드백을 통해 사원들의 니즈 반영을 더욱 높일 수 있다.

(4) 장단점

카페테리아식 복리후생제도의 가장 큰 강점은 바로 복리후생의 선택권을 사원 개개인에게 주어 그들의 자율성을 보장했다는 점이다. 이를 통해 사원들의 근로의욕이 고취되고 이것이 조직의 생산성 향상으로 이어지는 효과를 거둘 수 있다. 또한 카페테리아식 복리후생제도는 비용 대비 효과성이 뛰어나다. 동일한 비용의 복리후생 프로그램을 제공해도 사원들이 느끼는 만족도는 다른 복리후생제도에 비해 훨씬 높아 조직의 입장에서 큰 효과를 얻을 수 있다. 게다가 이를 통해 얻어진 만족도는 조직에 대한 애착심을 강화시켜 이직을 막는 강력한 수단으로 작용한다.

반면 카페테리아식 복리후생제도의 가장 큰 단점으로 지적되는 것이 바로 관리상의 문제이다. 카페테리아식 복리후생제도를 설계하고 운영하는 과정에서 준비 부족이나 시스템의 부실 등은 오히려 사원들의 복리후생 질을 떨어뜨리게 되고 조직에서도 이를 관리할 수 없게 되는 결과를 초래할 수 있다. 또한 사원들에게 복리후생에 대한 높은 기대 수준을 심어 주어 시간이 지나면서 조직의 비용부담이 커지는 역기능도 일어날 수 있다.

2) 종업원 후원 프로그램[2)]

(1) 정의

흔히 EAP라 불리는 종업원 후원 프로그램(employee assistance program)은 조직구성원이 현재 느끼는 어려움이나 문제들을 해결할 수 있도록 회사에서 전문 상담을 제공하는 제도를 말한다. 이 제도는 제2차 세계대전 이후 미국에서 알코올중독자와 마약중독자가 늘어나면서 그들을 치료할 목적으로 처음 시행되었다. 이는 알코올과 마약 중독자를 해고하던 예전의 방식에서 벗어나 그들을 문제를 치유해 주고 업무 복귀를 도와준다는 점에서 매우 의미심장하다. 시간이 흐르면서 많은 조직들이 기존의 알코올과 마약 중독자 치유 단계에서 한 발 더 나아가 스트레스나 이혼, 신용불량 등과 같은 보다 넓은 문제까지도 포괄하여 후원하고 있다. 이런 점에서 종업원 후원 프

2) LG경제연구원에서 발간한 『주간경제』 702호, 「EAP의 활용」(2002-11)에서 참고하여 인용 · 수정한 것임.

로그램은 휴머니즘 복리후생제도로 불리기도 한다. 기존의 복리후생제도가 사원들의 삶의 질 향상에 공헌한 것은 사실이지만 그것만으로는 사원들의 정신적 · 육체적 문제를 온전히 해결할 수 없다는 생각하에 종업원 후원 프로그램을 도입하여 시행하는 조직들이 늘고 있다. 휴렛패커드나 3M과 같은 선진 기업들에서는 사내에 전문상담원들을 상주시켜 직원들이 필요할 때 언제든지 전문인에게 상담을 받을 수 있도록 배려하고 있다.

(2) 운영

① 대상 규명과 EAP 위탁 단계

어려움이나 문제를 가진 종업원들을 규명하여 EAP 치료를 의뢰하는 단계로, 대상 선정은 업무성과의 변동이나 근무태도 변화 등을 통해 대부분 이루어진다. 대상 선정 후 EAP의 절차를 문서화하고 이를 해당 구성원에게 알려야 한다. 또한 이를 담당한 인력과 부서에 대한 훈련과 개발에 경영층과 인

〈그림 Ⅱ-7〉 EAP 시행절차

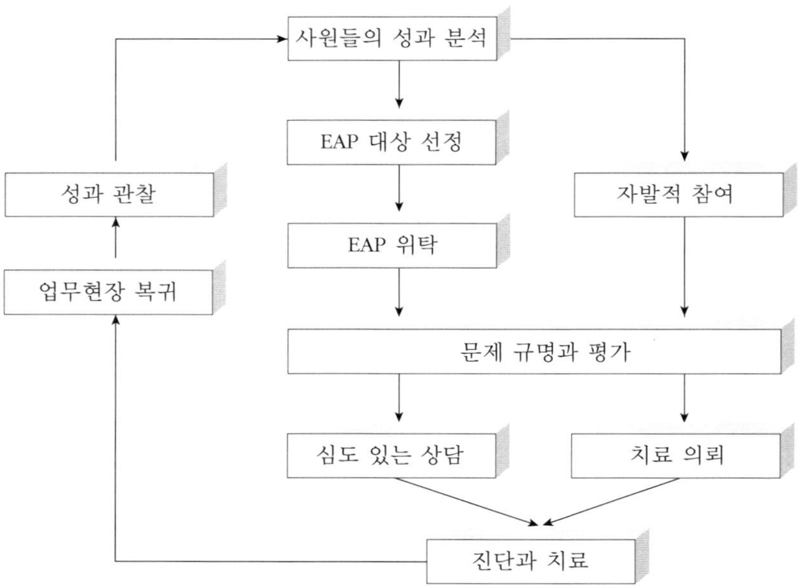

자료: Cummings & Worley(1997: 427) 수정 · 인용.

사부서는 적극적인 후원을 아끼지 않아야 한다. 이와 동시에 이 프로그램을 이용한 구성원이 차후에 인사상의 불이익을 받지 않도록 정보보호에도 주의를 기울여야 한다.

② EAP의 시행

실제적으로 EAP를 시행하기 위해 담당 부서를 설치하고 해당 구성원과 상담을 하여 문제나 어려움이 두엇인지 정확히 규명하는 단계로, EAP 담당 부서에서 상담과 치료가 가능한 경우에는 지속적인 상담과 치료를 거친 뒤 업무 현장으로 복귀시킨다.

③ 치료

실제로 문제를 치료하는 단계이다. 이때 EAP 담당 부서에서 치료할 수 있는 수준을 넘어선 경우 실제 치료기관에서 치료를 받을 수 있도록 조치를 취한다.

(3) 운영 시 유의점

종업원 후원 프로그램은 문화 및 의식과 밀접한 관련이 있으므로 선진국에서 시행 중인 EAP를 그대로 도입하는 것은 조직의 제도와 사원들의 의식 사이에 괴리를 일으킬 수 있다. 우리나라의 경우 약물에 대한 규제가 엄격하여 미국에서 사용하는 약물치료 및 상담 프로그램을 그대로 쓸 수 없다. 또한 이혼이나 신용불량으로 어려움을 겪는 사람에게 권유하는 상담의 형태도 보다 간접적이고 비공개로 진행해야 한다. 따라서 우리의 정서와 문화에 맞는 종업원 후원 프로그램으로의 변형이 필요한데, 그 예로 조직 내 상담원을 두기보다 외부 상담기관과 연계하여 아웃소싱을 통해 치료를 하는 '2nd Career 프로그램' 을 들 수 있다.

4 복리후생제도의 성공을 위한 제언

1) 일과 삶에 대한 균형적 인식 확보

신체의 각 장기들이 건강하지 않아 제 기능을 제대로 하지 못할 경우 몸 상태가 전체적으로 나빠지게 된다. 조직과 구성원의 관계도 이와 비슷하다. 신체의 각 장기들이 조직구성원들과 이들이 이룬 팀이라면 신체는 조직과도 같다. 각 조직구성원들이 정신적으로나 육체적으로 건강하지 못하여 자신의 업무를 제대로 수행하지 못한다면 그 조직도 성과를 창출하거나 이익을 얻을 수 없다. 그러므로 복리후생 프로그램을 통해 기대하는 효과를 얻기 위해서는 조직 전반에 걸쳐 복리후생 프로그램의 필요성을 공감하는 분위기가 형성되어야 한다. 이를 위해서 조직에서는 기본적으로 조직구성원들이 일에 대한 만족과 성취, 삶에 대한 의욕과 보람 등을 느낄 수 있도록 일과 삶의 균형적 시각을 항상 견지할 필요가 있다.

2) 커뮤니케이션의 활성화

시행 의도나 목적이 조직구성원들에게 이익을 주어도 경영층과 사원들 간에 원활한 커뮤니케이션이 이루어지지 않아 이에 대한 인식 부족이나 오해가 생길 때는 그 효과가 반감될 수밖에 없다. 특히 오늘날의 복리후생제도들은 구성원의 니즈에 초점을 맞추고 있으므로 이들의 목소리를 제대로 듣지 않는다면 그 제도는 무용지물로 전락하고 말 것이다. 사내 인터넷 게시판이나 HR 부서의 메일링 서비스를 통해 커뮤니케이션을 활성화시켜 그들의 소리에 귀 기울이고 있다는 점을 보여 주어야 한다. 커뮤니케이션을 활성화하기 위한 방법으로 〈표 Ⅱ-3〉과 같은 것들이 있다. 이를 통해 조직은 조직과 구성원 사이의 상호 이해는 물론 신뢰관계 구축, 성과 향상 등의 여러 가지 긍정적 효과들을 얻을 수 있을 것이다.

〈표 Ⅱ-3〉 커뮤니케이션을 위한 다양한 활용법

활용법	내용
복리후생 웹사이트 구축	복리후생 웹사이트를 만들어 집이나 회사 등 인터넷 접속이 가능한 곳이면 어디에서나 편리하게 사용할 수 있게 한다. 또한 해당 조직의 웹사이트에 각종 사회보험 관련 사이트 링크, 복리후생 전문가에 대한 실시간 상담 게시판 마련 등을 통해 접근성과 편리성을 동시에 확보한다.
다양한 색채의 파일과 뉴스레터의 활용	사원들 개개인에게 복리후생 관련 프로그램을 우편으로 보낼 때 수많은 다른 파일 및 뉴스레터와 구분되어 그들의 눈에 띄어 읽을 수 있도록 색채와 모양을 차별화한다.
시청각 자료 활용	다양한 시청각 자료를 활용함으로써 시청각 자극에 익숙해진 젊은 사원들의 관심을 유도할 수 있고, 본사 이외의 장소에서도 같은 수준과 내용의 교육이 용이해진다.
무료전화 개설	하루 24시간 내내 사원들이 불편 없이 복리후생 프로그램에 등록하거나 자동 입력된 정보들을 들을 수 있도록 무료전화를 설치한다.
컴퓨터 소프트웨어 패키지의 이용	사원들에게 항상 '내가 이걸 택한다면 어떤 것을 얻을 수 있을까(What-If)?' 하는 시나리오를 시행하여 선택에 도움을 줄 수 있도록 복리후생 관련 소프트웨어 패키지 프로그램을 배포하여 이용하도록 한다.

자료: Gomez-Mejia et al.(2001).

3) 개인과 조직, 정부의 상호 협력과 지원

오늘날 조직에게 조직구성원들은 더 이상 소모품이 아니다. 핵심인력을 끌어들이고 이들을 조직에 계속적으로 남게 하기 위해 조직은 개별 구성원들이 일과 삶의 균형을 통해 건강한 조직을 만들 수 있기 위한 방법으로 복리후생제도에 전폭적인 지원을 아끼지 않아야 한다. 단순히 다른 조직에서 실시하기 때문에, 선진기업들이 그 같은 제도들을 실시하고 있기 때문에 무턱대고 이를 도입하는 것은 의미가 없다. 그러므로 경영층은 복리후생제도에 대한 깊은 이해를 바탕으로 철저한 준비를 해야 하며, 시행하면서 지속적인 관심과 지원을 아끼지 않아야 한다. 제도를 설계하고 운영할 때는 경영층의 지원뿐만 아니라 개별 구성원들의 협조 또한 그 성공에 있어 중요한 역할을 한다. 개별 구성원들은 자신의 복지는 자신이 설계한다는 주인의식을 가지고 적극적인 의견 개진과 복지 프로그램 활용을 해야 더 큰 효과와 만족을 얻을 수 있다. 이와 더불어 정부 역시 이러한 복리후생제도가 잘 시행될 수 있도록 관리하여 제도적으로 뒷받침해 주어야 한다. 최근 사회 4대 보험을 통합 · 실시하는 움직임 역시 복리후생제도의 원활한 시행을 지원하는 한 예라 할 수 있다.

4) 정보 시스템의 구축

개개인이 지닌 니즈의 다양성을 존중하고 이를 충족시키는 복리후생제도들을 도입하여 기대하는 효과를 얻기 위해서는 정보 시스템의 지원이 뒷받침되어야 한다. 정보 시스템의 구축을 통해 제도 설계 전 니즈 조사의 단계부터 사원들의 원활한 참여와 상호 커뮤니케이션을 할 수 있게 되며, 시행과정에서 지속적인 피드백을 통한 수정과 보완이 용이해진다. 이와 더불어 정보 시스템을 통해 조직이 다양한 복리후생 프로그램들을 쉽게 관리할 수 있게 된다. 카페테리아식 복리후생제도의 실패 사례들은 대부분의 경우 항목과 수준의 많은 경우의 수를 통제하고 관리하지 못해 발생한다. 이러한 실패는 단순히 복리후생 자체만의 실패를 뜻하는 것이 아니라 조직 전반의 보상 시스템과 조직 자체에 대한 불신으로 번질 수 있는 위험한 것이다. 그러므로 복리후생 프로그램을 도입하기 전에 철저하게 정보 시스템을 구축할 필요가 있다. 그뿐만 아니라 정보 시스템의 구축은 조직의 비용절감 측면에서도 매우 유용하다. GE의 경우 복리후생 부서의 직원들이 한 달에 25,000건의 문의전화(문의 한 건당 7달러)를 받았으며, 이를 통해 매달 175,000달러의 비용을 지출했다. 이후 GE는 웹사이트를 통해 24시간 복리후생정보를 제공했는데, 이를 통해 막대한 비용절감(문의 한 건당 1달러) 효과를 보기도 했다(Gomez-Mejia et al., 2001: 422).

5 요약 및 정리

복리후생은 임금만으로는 아우를 수 없는 개인과 조직, 그리고 정부의 이해관계들을 충족시켜 주는 점 때문에 오늘날 그 비중과 중요성이 점차 증가하고 있다. 금전적 · 직접적 보상의 형태를 띠는 임금과는 달리 비금전적이고 간접적인 보상의 일종인 복리후생은 크게 법으로 제도화되어 의무적으로 시행해야 하는 법정 복리후생과 조직이 자율적으로 그 시행 여부와 범위를 선택하는 자발적 복리후생으로 나눌 수 있다. 이 때문에 복리후생은 한편으로는 강제성을 띠면서도 다른 한편으로는 자율성을 띠는 합법성의 딜레마를 가질 수밖에 없다. 또한 임금과는 달리 구성원들의 니즈가 다양하므로 이를 충족시켜 주기 위한 복리후생 역시 복잡성을 띠게 된다. 이러한 특징을 지니는 복리후생 프로그램을 효과적으로 설계하고 효율적으로 운영하기 위해서는 일관성과 공정성, 상호 협력성, 적절성 등의 원칙을 고려해야 한다. 이런 원칙에 기반하여 구성원들의 니즈가 무엇인지 파악하고 이를 조직의 목표와 특성, 지원 가능한 비용 정도 등을 고려하여 그에 맞는 복리후생 프로그램의 유형을 선택하여 시행하도록 한다. 오늘날 카페테리아식(선택형) 복리후생제도나 종업원 후원 프로그램(EAP) 등을 도입하는 조직들이 늘어나고 있는데, 어떤 프로그램이든 복리후생제도가 기대하는 효과를 거두기 위해서는 일과 삶의 질에 대한 균형적인 시각의 확보와 구성원과 조직 간의 활발한 커뮤니케이션, 복리후생 프로그램에 대한 개인, 조직, 정부의 상호 협력, 정보 시스템의 구축 등이 뒷받침되어야 한다. 이를 통해 개인은 근로의욕 고취와 삶의 질 제고, 조직은 성과 향상과 핵심인력 확보 · 유지, 그리고 정부는 국민의 생활안정과 질 향상 등의 효과를 거둘 수 있을 것이다.

제 III 장

한국기업 성과급제도의 변천

1 경영환경 변화와 성과급제도

과거에 기업의 경쟁우위가 기업이 보유하고 있는 전통적인 물적자원에 의해 좌우되었다고 한다면, 현재에 이르러 기업의 경쟁력의 원천은 지식이나 역량과 같은 인적자원으로 이동하고 있다. 전략적 자원으로서의 인적자원은 물적자원에 비해 모방과 대체가 더 어렵다는 점에서 기업에게 보다 근원적인 경쟁우위를 제공하며, 이에 따라 인적자원의 효율적 활용을 위한 다각적인 접근이 시도되고 있다.

인사관리의 전략적 중요성에 주목한 한국기업들은 경영체질을 강화하기 위해 성과주의 인사로의 전환을 서두르고 있다. 성과주의 인사관리는 과거의 전통적 연공주의 인사관리와 대비되는 개념으로서 개인과 팀이 달성한 실적과 연계하여 급여, 승진, 보상 등 인사관리 시스템이 운영되는 것을 가리킨다. 이는 세계경제가 글로벌화되고, 이에 따라 노동 관련 정책 역시 국제적으로 통용되는 기준을 받아들이게 됨에 따라, 전통적 인사관리의 유효성은 점차 감소되었기 때문이다. 그 결과 1980년대 후반~1990년대 초반부터 개인 또는 집단의 '성과'를 강조하는 '신인사제도'가 한국기업들 사이에 부각되기 시작했다. 이러한 추세는 1997년의 IMF 외환위기로 인해 더욱 가속화되었다. 글로벌 스탠다드가 강조됨에 따라 경쟁력 고양과 우수인재의 확보 및 유지를 강조하는 기업들을 중심으로 고용관계에서 전통적인 평생직장 관행은 점차 사라져 가고, 연공서열 임금제도는 성과 중심의 연봉제나 성과배분제로 대체되어 가고 있다. 특히 연봉제나 성과배분제와 같은 성과급제도는 성과주의 인사관리의 핵심요소로서 한국기업들의 인사관리 관행의 변화를 주도하고 있다.

비록 성과급제도가 보상체계의 하나의 대안으로서 많은 기업들 사이에서 강조되고 있는 추세이지만, 과거부터 오랜 기간에 걸쳐 연공서열에 의한 임금제도가 한국기업들 사이에서 행해져 온 것은 연공급제가 고유의 유용성을 갖고 있기 때문이다.

우선 연공급제는 장기근속을 유도하는 장점이 있다. 근속 연수에 비례한 임금의 상승이라는 연공급제의 기본체계는 숙련된 인력의 이직을 방지하는 효과가 있다. 조직 내 많은 경험을 지닌 인력의 장기근속을 유인할 수 있는 것이다. 이는 직장 내에서 기업 특유의 훈련을 받고 경력이 쌓이게 되면 인적자본이 축적되기 때문에 연공에 따라 임금이 쌓이는 것이라는 인적자본 이론가(human capital theorist)들의 논리와도 일치된다. 따라서 연공급제 하에서는 종업원들의 조직에 대한 헌신을 기대할 수 있으며, 이는 종업원들의 생산성 증대로 연결된다.

이러한 숙련된 인력의 안정적 공급을 기반으로 기업은 장기적인 목표를 수립하고 달성할 수 있다. 이는 특히 산업화 초기에 급속한 경제발전의 원동력이 되었다. 평생직장에 대한 안정감, 그리고 이를 바탕으로 조직에 대한 소속감을 갖고 일할 수 있는 여건이 주어지기 때문에 종업원들은 단기적으로 가시화되는 업적만을 위주로 과업에 임하지 않고, 보다 장기적인 시각에서 기업의 성과를 높이고 기업이 성장, 존속할 수 있도록 한다는 자세로 일할 수 있게 된다.

또한 연공급제는 조직 내의 지나친 경쟁의식을 중화시킨다는 점에서 그 의의를 찾을 수 있다. 연공급제하에서는 임금수준 결정의 기준이 근속 연수이기 때문에 종업원들이 지나친 경쟁의식을 갖는 것을 막을 수 있으며, 공동체의식의 발현을 통한 인간관계 존중의 기업문화 구축이 가능하다. 실제로 우리나라가 짧은 기간 동안 고도의 경제발전을 이룩할 수 있었던 원동력도 이러한 공동체의식을 통한 기업경쟁력의 강화에서 찾을 수 있다. 또한 공동체의식과 연공을 기준으로 한 질서유지는 서열을 중시하는 동양적 풍토의 기업문화를 갖는 한국기업의 상황에 더욱 부합하는 것으로서 그 유효성을 인정받아 왔다.

그러나 이러한 연공서열에 의한 전통적인 임금제도는 변화하는 경영환경에 부합하지 못한다는 주장이 대두되었다. 연공급제가 과거의 고도성장에 중요한 요소로 작용했던 것은 사실이지만, 현재의 경영환경이 요구하는 성장의 핵심요소가 변화함에 따라 연공급제의 실효성에 대한 의문이 제기되기 시작한 것이다.

우선, '성과'를 강조하는 경영풍토에서 연공급제는 우수인력의 유치와 활용을 통한 인적자원의 경쟁에 효과적이지 못하다. 연공급제에 의할 때 종업원에 대한 동기부여 효과에는 한계가 있다. 연공급은 경험 연수 또는 근속 연수에 따라 임금수준이 결정되기 때문에 종업원들이 자신의 능력 개발 및 업적 증대에 큰 시간과 노력을 할당하지 않아도 일정한 임금상승을 보장받을 수 있다. 따라서 이러한 시스템에서는 안일한 근무태도 및 기업 분위기가 조성될 확률이 높아지고, 종업원에 대한 동기부여 효과 역시 미약해지는 문제가 있다. 자신이 노력한 만큼에 대한 보상이 보장되지 않는 연공급제에서는 결국 '개인과 집단의 성과 극대화'라는 경영목표는 쉽게 달성될 수 없다.

전략적 자원으로서 인적자원의 효율적 활용이 중시되는 현재의 경영환경에서 높은 성과를 전제로 하지 않은 높은 인건비는 기업의 경쟁력 확보에 있어 문제가 된다. 그런데 연공급제하에서는 종업원의 생산성보다는 연령이나 근속 연수 등의 속인적 요소가 임금수준의 결정인자이기 때문에 성과와 무관하게 인건비 수준은 유지된다. 경제상황이 양호한 경우에는 이러한 연공급 시스템이 문제를 일으키지 않으나, 불경기일 경우에는 종업원의 생산성에 비해 인건비가 높게 책정되는 문제가 발생한다. 따라서 급속히 변하는 경영환경에서 성과에 연동되지 못하는 비효율적 인적자원 활용이라는 문제는 연공급제가 떠안고 있는 한계가 아닐 수 없다.

결국 종업원들을 동기부여하는 데 있어서의 일정한 한계, 급변하는 경영환경에 적절하지 못한 보상제도의 경직성은 연공급제의 존재 가치에 대한 의구심을 불러일으켰다. 전략적 자산으로서의 인적자원의 가치가 강조되고, 이에 따라 성과보상제도의 전략적 중요성이 강조되면서 종업원들에게 충분한 보상만족을 주지 못하고, 이 때문에 기업들이 유능한 인재를 확보하는 것을 어렵게 만드는 전통적 보상제도의 한계를 극복하기 위해, 기업들은 성과급제도를 도입하여 시행하기 시작했다. 한국기업의 전통적인 보상제도에 대한 비판과 함께 이를 극복하기 위한 새로운 보상제도를 도입하기 위한 다각도의 논의가 진행되기 시작한 것이다. 그 결과 현재 상당수의 한국기업들은 성과급제도를 기업의 보상제도에 흡수하였고, 기존의 전통적인 보상제도와의 갈등을 최소화하기 위한 노력을 기울이고 있다.

일반적으로 성과급의 유형은 임금인상의 효과가 누적적인가 혹은 비누적적인가, 그리고 임금인상의 기초가 개인성과에 의존하는가 또는 집단성과에 의존하는가에 따라 〈표 Ⅲ-1〉과 같이 구분할 수 있다.

이러한 다양한 성과급제도 가운데 현재 한국기업들 사이에서 활용되고 있는 것은 연봉제, 집단성과배분제(gainsharing), 이익분배제(profit sharing), 스톡옵션(stock option) 등이다.

실제로 2004년 노동부 조사 결과, 100인 이상 사업장 4,370개소 중 연봉제는 1,829개소(41.9%), 성과배분제는 1,259개소(28.8%)가 도입 · 실시하고 있으며, 성과주의 임금체계의 도입추세는 국내기업들 사이에서 꾸준히 증가하고 있다〈그림 Ⅲ-1〉.

〈표 Ⅲ-1〉 성과급의 유형

임금인상의 효과	임금인상의 기초		
	개인성과	집단성과	
누적적	업적급		
	연봉제		
비누적적	개인 인센티브 Piece-rate Lump sum bonus	단기적 인센티브 성과배분제도 Profit sharing Gainsharing	장기적 인센티브 스톡옵션 ESOP

자료: 박우성(2000).

〈그림 Ⅲ-1〉 성과급제도의 시행 현황

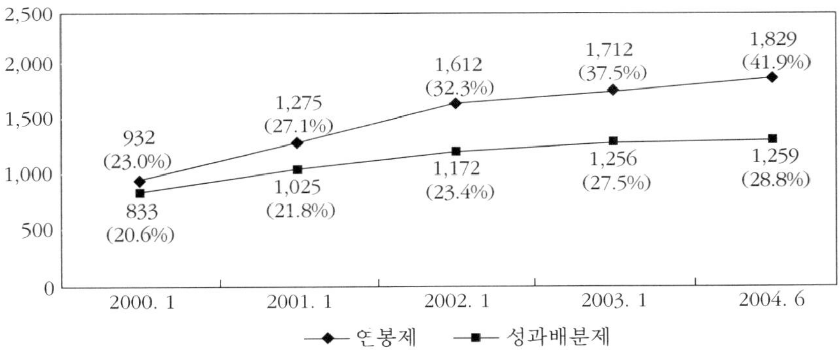

자료: 노동부, 연봉제 · 성과배분제 도입 실태조사(2004).

다음에서는 각각의 성과급제도가 한국기업에서 실제로 어떻게 활용되고 있는지, 그리고 각 제도의 효과를 기업들이 어떻게 인식하고 있는지에 관해 구체적으로 살펴보겠다.

2 한국기업의 연봉제 변천

이하에서는 노동부가 2004년 5월 24일부터 6월 12일에 걸쳐 100인 이상 사업장 5,908개소를 대상으로 실시한 "연봉제 · 성과배분제 도입 실태조사"를 바탕으로 한국기업의 연봉제 도입 및 변천에 관한 내용들을 살펴보고자 한다.

1) 연봉제의 도입 현황

연봉제를 도입한 업체의 수와 그 비율을 살펴보면 〈표 Ⅲ-2〉와 같다. 조사에 응한 100인 이상 사업체 4,370개 중 연봉제를 도입한 사업장은 1,829개(41.9%)이며, 1996년 이래로 연봉제의 도입은 꾸준히 증가하고 있음을 알 수 있다.

〈표 Ⅲ-3〉은 업종별 연봉제 도입 현황을 보여 준다. 표를 살펴보면 통신업(66.7%), 사업서비스업(65.5%)의 도입 비율이 두드러지며, 운수 · 창고업(14.5%), 교육서비스업(28.9%)의 연봉제 도입 비율은 상대적으로 낮은 수치를 나타냈다. 이는 무엇보다 통신업과 사업서비스업의 경우 개인의 업무성과에 대한 객관적 측정이 용이하며, 그에 따른 종업원 동기부여의 한 방편으로 연봉제가 유용하게 활용될 수 있기 때문인 것으로 보인다.

유형별로는 공공부문의 연봉제 도입 비율이 80.1%, 민간부문이 41.6%로, 공공부문의 도입률이 2배가량 높음을 알 수 있다(〈표 Ⅲ-4〉).

〈표 Ⅲ-2〉 연봉제 도입 현황 (단위: 개소, %)

구분	1996. 11	1997. 10	1999. 1	2000. 1	2001. 1	2002. 1	2003. 1	2004. 6
조사업체 수	5,830	5,754	4,303	4,052	4,698	4,998	4,570	4,370
연봉제 도입업체 (비율)	94 (1.6)	205 (3.6)	649 (15.1)	932 (23.0)	1,275 (27.1)	1,612 (32.3)	1,712 (37.5)	1,829 (41.9)

〈표 Ⅲ-3〉 업종별 연봉제 도입 현황 (단위: 개소, %)

업종	조사업체 수	도입업체 수	비율	
			2003	2004
광업	16	5	18.2	31.3
제조업	2,019	949	40.6	47.0
전기 · 가스 · 수도업	24	15	56.0	62.5
건설업	101	53	41.8	52.5
도매 및 소매업	135	85	56.8	63.0
숙박 및 음식점업	86	49	54.8	57.0
운수 · 창고업	793	115	11.8	14.5
통신업	18	12	71.4	66.7
금융 및 보험업	132	69	57.5	52.3
부동산 · 임대업	18	8	43.5	44.4
사업서비스업	287	188	62.5	65.5
교육서비스업	97	28	16.8	28.9
보건 · 사회복지사업	258	113	38.9	43.8
오락 · 문화 및 운동 관련 서비스업	54	28	41.7	51.9
기타 공공 · 수리 및 개인서비스업	187	95	42.5	50.8

〈표 Ⅲ-4〉 유형별 연봉제 도입 현황 (단위: 개소, %)

구분	조사업체 수	도입업체 수	비율	
			2003	2004
공공부문	141	113	77.0	80.1
민간부문	4,084	1,699	36.3	41.6

〈표 Ⅲ-5〉 기업규모별 연봉제 도입 현황 (단위: 개소, %)

규모	조사업체 수	도입업체 수	비율	
			2003	2004
300인 미만	3,120	1,185	32.2	38.0
300~499인	492	243	44.6	49.4
500~999인	388	225	49.0	58.0
1,000~4,999인	227	155	60.7	68.3
5,000인 이상	29	21	82.4	72.4

기업규모별 연봉제 도입비율을 살펴보면 기업규모가 커질수록 연봉제 도입비율이 높음을 알 수 있다. 5,000인 이상 대규모 사업장이 72.4%로 도입비율이 가장 높고, 300인 미만의 소규모 사업장은 도입비율이 38.0%에 불과했다(〈표 Ⅲ-5〉).

2) 연봉제의 시행 현황

(1) 연봉제의 시행 이유

기업들이 연봉제를 시행하는 가장 큰 이유는 생산성 향상(50.4%)으로 나타났으며, 인력 · 임금관리 용이(24.4%), 우수인력 채용(18.6%), 기타(6.6%) 등의 순이었다.

(2) 연봉제 적용대상 및 인원비중

연봉제가 적용되는 대상은 관리사무직이 92.2%로 가장 높고, 그 다음으로 영업직(66.1%), 전문직(64.8%), 생산직(41.7%) 순으로 연봉제가 적용되는 것으로 나타났다(〈표 Ⅲ-6〉).

연봉제가 적용되는 인원비중은 전체 인원의 70% 이상 적용하고 있는 사업장이 31.3%를 차지하는 것으로 나타났다. 또한 연봉제의 적용비율이 상대적으로 낮은 생산직을 제외할 경우 70% 이상 연봉제를 실시하는 사업장의 비율은 52.8%로 높게 나타났다(〈표 Ⅲ-7〉).

〈표 Ⅲ-6〉 연봉제 적용대상 (단위: %)

구분	전체	직급				
		전 직급	대리급 이상	과장급 이상	부장급 이상	임원급 이상
관리사무직	92.2	59.1	10.1	13.1	7.2	2.8
전문직	64.8	43.6	7.9	8.5	3.8	0.9
영업직	66.1	44.2	8.3	9.2	3.2	1.1
생산직	41.7	19.1	10.2	8.9	2.8	0.8
기타직	45.9	27.3	8.1	7.5	2.4	0.7

〈표 Ⅲ-7〉 연봉제 적용인원 비중 (단위: %)

구 분	10% 미만	10~30% 미만	30~50% 미만	50~70% 미만	70% 이상
전체 인원 대비	18.6	28.1	13.8	8.2	**31.3**
생산직 제외 시	13.5	17.4	9.5	6.8	**52.8**

(3) 연봉제 도입유형

연봉제 도입형태는 혼합형(기본급에 대해서는 업적에 따라 개인별 인상률을 적용하고 보너스에 대해서는 비누적적인 방식[1]으로 개인별로 지급)이 46.4%로 가장 많고, 미국식 순수성과급 형태(기본급, 보너스 구분 없이 전체에 대해 개인별로 인상률을 적용하는 형태)는 15.7%로 나타나 상대적으로 그 비율이 적음을 알 수 있다. 성과가급(merit bonus)[2]은 13.8%를 차지했다. 그 밖에도 연수형 21.4%, 기타 2.8%로 나타났다.

연봉총액 중 업적연봉(변동급; bonus)이 차지하는 비중을 살펴보면 30% 미만을 적용하는 사업장이 86.2%로 거의 대부분을 차지하고 있으며, 50% 이상 적용하는 사업장은 13.8%어 불과함을 알 수 있다(〈표 Ⅲ-8〉). 이는 대부분의 한국기업들에 있어서 개인의 성과에 따른 차등보상이 그다지 큰 비중을 차지하지 못하고 있음을 의미하는 것이다. 이는 아직 많은 기업들이 연봉제 도입의 초기 단계에 머물고 있기 때문이라 판단된다.

〈표 Ⅲ-8〉 연봉총액 중 업적연봉 비율 (단위: %)

구분	10% 미만	10~30% 미만	30~50% 미만	50% 이상
변동급 비중	**49.0**	37.2	9.4	4.4

1) 비누적방식은 전년도의 지급액을 기준으로 하지 않고 업적에 따라 지급액의 전액이 변동될 수 있는 형태이다.

2) 성과가급이란 기본급에 대해서는 직급 · 직능별로 동일 인상률을 적용하고 보너스에 대해서는 비누적적인 방식으로 개인별로 차등지급하는 방식이다.

(4) 연봉산정을 위한 평가

연봉의 산정을 위한 평가방식과 관련해서는, 〈표 Ⅲ-9〉에서와 같이 절대평가와 상대평가를 혼용(62.5%)하여 평가하는 경우가 가장 많았다. 평가기준은 업적평가를 주로 하고 능력평가를 참고로 하는 사업장이 45.2%로 가장 많았으며, 업적과 능력을 동일한 비중으로 평가하는 경우도 41.3%를 차지했다. 평가대상이 되는 업적은 개인업적과 집단업적을 함께 고려하는 경우가 일반적이었다(76.2%).

평가방법이 취업규칙 등으로 정해져 있는 경우는 46.6%이고, 규정화되지 않은 경우는 32.1%로 나타났다(〈표 Ⅲ-10〉).

〈표 Ⅲ-9〉 연봉산정을 위한 평가방법과 기준, 대상업적 (단위: %)

구분		비율
평가방법	절대평가	14.5
	상대평가	23.1
	절대평가+상대평가	**62.5**
평가기준	업적만 평가	4.7
	업적평가를 주로 하되, 능력평가를 참고로 활용	**45.2**
	업적과 능력을 동일한 비중으로 평가	41.3
	기타	8.9
평가대상업적	개인업적만 적용	20.2
	집단업적 적용	3.6
	개인업적+집단업적 적용	**76.2**

〈표 Ⅲ-10〉 연봉산정을 위한 평가방법 규정 유형 (단위: %)

구분	비율
사업주가 취업규칙으로 정함	25.0
노사협의를 거쳐 취업규칙에 반영	21.6
노조와 단체교섭을 거쳐 합의	5.5
특별히 규정화되어 있지 않음	**32.1**
기타	15.9

〈표 Ⅲ-11〉 직급별 업적평가에 의한 차등폭 (단위: %)

구분	10% 미만	10~20% 미만	20~40% 미만	40% 이상
이사급 이상	45.4	33.0	15.0	6.6
부장 · 과장급	41.9	38.7	15.1	4.4
대리급 이하	46.9	36.6	12.6	3.9

〈표 Ⅲ-12〉 연봉총액 운영방식 (단위: %)

구분		비율
플러스섬 방식		64.6
제로섬 방식		35.4
제로섬 방식으로 연봉총액을 정하는 경우 결정요소	경영실적(이익, 매출액 등)	67.7
	노사협의 또는 노조와의 단체교섭	14.8
	다른 회사의 임금수준	9.9
	기타	7.6

직급별 업적평가에 의한 최상위자와 최하위자 간의 차등폭은 모든 직급에 있어 20% 미만이 대다수를 차지했다(〈표 Ⅲ-11〉).

연봉총액 운영방식은 전 근로자에 대한 업적평가결과에 따라 총액이 늘어날 수 있는 플러스섬 방식이 64.6%이고, 총액이 미리 정해져 있는 제로섬 방식은 35.4%였다. 제로섬 방식의 경우 연봉총액을 결정하는 요소로는 경영실적이 67.7%로 가장 높은 비율을 차지했다(〈표 Ⅲ-12〉).

3 한국기업의 성과배분제 변천

연봉제와 함께 한국기업의 보상정책의 핵심을 이루고 있는 또 하나의 임금제도는 성과배분제이다. 연봉제가 개인별 성과에 보상을 연계시킴으로써 성과에 따른 개인별 차등화를 통해 성과향상을 도모하는 것이라면, 성과배분제는 집단적 성과에 보상을 연계시킴으로써 개인성과의 향상뿐 아니라 개인 간 협력을 촉진함으로써 기업성과를 향상시키기 위한 것이다. 성과배분제는 연봉제와 함께 동기부여형, 성과지향형 임금체계 구축이라는 동일한 지향을 가지고 있다는 점에서 매우 중요하다(박우성, 1998).

성과배분제는 기업단위, 공장 및 부서단위의 경영성과 또는 생산비용절감에 따라 성과가 목표치보다 높을 경우 경영성과의 일정 부분을 집단적으로 종업원들에게 현금, 주식, 복지기금 등의 형태로 사후적으로 배분하는 변동적 보상제도를 말한다(한국생산성본부, 1991). 따라서 성과배분제는 보상의 일부분을 집단적 성과에 기초하여 지급하는 집단인센티브제도를 의미한다.

성과배분제에서 말하는 집단은 다양한 범위의 집단을 포함할 수 있는데, 작게는 팀으로부터, 사업부서, 그리고 기업 전체 역시 성과배분제의 기준이 되는 집단이 될 수 있다. 일반적으로 집단의 크기가 작을수록 성과배분제와 같은 집단인센티브제도의 효과가 더 크다고 알려져 있다.

성과배분제가 갖는 중요한 특징은 보상액이 사후에 결정된다는 것이다. 즉, 보상의 액수가 사전에 결정되는 것이 아니라, 성과가 도출된 후에 결정되는 것이다. 따라서 성과배분제를 도입하게 될 때, 임금인상으로 인한 인플레이션을 방지할 수 있고, 기업 입장에서는 재정능력의 문제를 일으키지 않으면서 성과의 향상을 도모할 수 있다는 이점이 있다.

성과배분제는 성과를 산정하는 기준과 방법에 따라 이익분배제(profit sharing)와 집단성과배분제(gainsharing)로 크게 나누어 볼 수 있다.

이익분배제(profit sharing)는 일정 기간 동안 발생한 기업의 이익을 사전에 정해진 분배공식에 따라 근로자에게 나누어주는 제도로서, 그 지급액이 사전에 정해지는 것이 아니라 기업의 경영성과에 따라 결정되는 사후적 보상이다. 상대적으로 객관적인 산정지표의 확보가 용이하고 계산이 간단하여 적용이 쉽기 때문에 가장 많이 도입된 성과배분제도이다. 그런데 이익분배제도는 제도의 운영에 있어 종업원 참여의 요소가 배제되어 있다. 즉, 이 제도의 경우 보너스 산정의 기준을 회계상의 이익액수에 두고 있는데, 기업의 이익은 사원의 노력 및 성과뿐만 아니라 종업원이나 기업이 통제할 수 없는 시장상황, 경쟁사의 전략, 경기 등과 같은 외부적인 요인들에 의해서도 좌우되므로, 이익분배제도는 종업원의 동기를 유발하는 데에는 일정한 한계를 갖게 된다. 다만, 이익분배제는 사원들에게 노사가 공동운명체임을 알리는 상징적인 효과를 갖는다고 할 수 있다.

집단성과배분제(gainsharing)는 근로자들이 경영에 참가하여 원가 절감, 생산성 향상 등의 활동을 통해 조직성과의 향상을 도모하고 그 과실을 회사와 근로자들이 함께 분배하는 제도로서, 그룹단위의 보너스제도와 종업원 참여제도가 결합된 조직개발기법(organizational development)으로 정의된다. 따라서 집단성과배분제의 성공 여부를 결정짓는 주요 요소는 효과적인 종업원 참여의 틀과 보너스의 공평한 배분을 위한 제도를 확립하는 것이라고 할 수 있다. 집단성과배분제는 매출액이나 이익증대가 아닌 생산비 절감 및 생산성 향상을 목표로 하고, 운영에 있어 종업원 참여의 요소를 포함한다는 점에서 이익분배제와 구별이 된다(김동원 · 유규창, 2000; 박우성, 1998).

이하에서는 노동부의 "연봉제 · 성과배분제 도입 실태조사"를 바탕으로 한국기업의 성과배분제 도입과 변천에 관한 내용들을 살펴보고자 한다.

1) 성과배분제 도입 현황

조사응답업체 4,370개소 중 1,259개소(28.8%)가 성과배분제를 도입한 것으로 나타났으며, 그 비율은 꾸준히 증가하고 있다(〈표 Ⅲ-13〉).

업종별로는 금융보험업이 53.5%로 도입 비율이 가장 높고, 교육서비스업은 11.6%로 가장 낮은 것으로 나타났다. 이러한 결과는 업종별 연봉제 도입 비율의 조사 결과와 매우 유사함을 알 수 있다(〈표 Ⅲ-14〉).

유형별로는 공공부문의 47.3%와, 민간부문의 29.9%가 성과배분제를 도입한 것으로 나타나, 공공부문이 민간부문보다 17.4%p 높음을 알 수 있다. 또한 전년에 비해 공공부문은 1 4%p가 증가하고, 민간부문은 3.0%p가 증가하여 민간부문의 증가폭이 더 컸다(〈표 Ⅲ-15〉).

노동조합 조직 여부를 기준으로 보면, 노조 미조직 사업장이 33.3%, 노조

〈표 Ⅲ-13〉 성과배분제 도입 현황 (단위: 개소, %)

구분	1996. 11	1997. 10	1999. 1	2000. 1	2001. 1	2002. 1	2003. 1	2004. 6
조사업체 수	5,830	5,754	4,303	4,052	4,698	4,998	4,570	4,370
성과배분제 도입업체(비율)	334 (5.7)	405 (7.0)	689 (16.0)	833 (20.6)	1,025 (21.8)	1,172 (23.4)	1,256 (27.5)	1,259 (28.8)

〈표 Ⅲ-14〉 업종별 성과배분제 도입 현황 (단위: 개소, %)

업종	조사업체 수	도입업체 수	비율	
			2003	2004
광업	14	4	18.2	28.6
제조업	1,974	720	32.2	36.5
전기 · 가 스 · 수도업	23	9	40.0	39.1
건설업	99	25	31.6	25.3
도매 및 소매업	135	60	46.6	44.4
숙박 및 음식점업	76	24	35.5	31.6
운수창고	765	97	14.3	12.7
통신업	17	7	52.4	41.2
금융 및 보험업	127	68	41.1	53.5
부동산 · 임대업	16	4	8.7	25.0
사업서비스업	272	110	30.3	40.4
교육서비스업	95	11	11.6	11.6
보건 · 사회복지사업	244	36	14.6	14.8
오락 · 문화 및 운동 관련 서비스업	55	18	31.9	32.7
기타 공공 · 수리 및 개인서비스업	178	52	21.6	29.2

〈표 Ⅲ-15〉 유형별 성과배분제 도입 현황 (단위: 개소, %)

구분	조사업체 수	도입업체 수	비율	
			2003	2004
공공부문	131	62	45.9	47.3
민간부문	3,959	1,183	26.9	29.9

〈표 Ⅲ-16〉 노동조합 조직 여부에 따른 성과배분제 도입 현황 (단위: 개소, %)

구분	조사업체 수	도입업체 수	비율	
			2003	2004
노조 미조직	1,873	623	29.2	33.3
노조 조직	2,217	622	26.0	28.1

〈표 Ⅲ-17〉 기업규모별 성과배분제 도입 현황 (단위: 개소, %)

규모	조사업체 수	도입업체 수	비율	
			2003	2004
300인 미만	3,003	819	24.1	27.3
300~499인	483	174	32.2	36.0
500~999인	383	143	33.4	37.3
1,000~4,999인	221	105	43.7	47.5
5,000인 이상	29	18	61.8	62.1

조직 사업장이 28.1%로, 노조 미조직 사업장의 성과배분제 도입비율이 노조 조직 사업장의 그것보다 다소 높은 것으로 나타났다(〈표 Ⅲ-16〉).

기업규모별로는 규모가 클수록 성과배분제 실시비율이 높았다. 구체적으로, 100~299인 사업장이 27.3%로 가장 낮고, 5,000인 이상 사업장은 62.1%로 가장 높은 성과배분제 도입비율을 나타냈다(〈표 Ⅲ-17〉).

2) 성과배분제의 시행 현황

(1) 성과배분제의 시행 이유

성과배분제를 시행하는 이유로는 생산성 향상이 79.2%로 가장 높게 나타났고, 노사관계 개선(9.9%), 경영위기 극복(4.5%), 우수인력 확보(3.6%), 기타(2.8%) 등의 이유가 그 뒤를 이었다.

〈표 Ⅲ-18〉 성과배분제 적용단위와 적용대상 (단위: %)

구분		비율
적용단위	회사 전체	57.8
	부서단위	19.9
	사업부	16.8
	기타	5.5
대상직종	관리사무직	79.3
	영업직	66.9
	생산직	60.6
	전문직	52.1
	기타	20.0
적용대상 인원 비중	30% 미만	8.8
	30~50% 미만	5.7
	50~70% 미만	5.8
	70% 이상	79.8

(2) 성과배분제 적용단위와 적용대상

성과배분제의 적용단위는 회사 전체가 57.8%, 부서단위 19.9%, 사업단위 16.8%, 기타 5.5%로 나타났다. 적용대상은 직종별로 다소 차이가 있으나(관리사무직이 79.3%로 가장 높은 비율을 차지) 대체로 직종 구분 없이 폭넓게 적용되는 것으로 나타났다.

성과배분제 적용대상 인원비중은 전체 근로자의 70% 이상을 적용하는 경우가 79.8%로 가장 많았다(〈표 Ⅲ-18〉).

(3) 성과목표와 성과배분기준

기업의 성과목표는 회사에서 일방적으로 결정(21.8%)하기보다는 노사 간 협의(67.7%)를 거쳐 결정하는 경우가 대부분이었고, 이익(79.7%)과 매출액(63.4%) 등을 주된 성과배분기준으로 사용하는 것으로 나타났다(〈표 Ⅲ-19〉).

개별 근로자에 대한 성과배분제의 지급방식은 현재의 임금수준에 비례하

〈표 Ⅲ-19〉 기업의 성과목표 결정과 성과배분기준 (단위: %)

구분		비율
성과목표 결정방법	노사협의회를 거쳐 회사가 결정	35.2
	회사에서 일방적으로 결정	21.8
	노사 간 협의로 결정	32.5
	기타	10.6
성과배분기준	이익	79.7
	매출액	63.4
	부가가치(생산성)	41.7
	비용절감	29.2
	품질관리	16.8
	기타	7.3

〈표 Ⅲ-20〉 개별 근로자에 대한 성과배분제의 지급방식 (단위: %)

구분	비율
현재 임금수준에 비례 지급	37.1
개인별 업무성과에 따라 차등지급	26.6
부서의 성과에 따라 차등지급	21.5
전체 근로자에게 동일금액지급	9.1
기타	5.7

여 지급하는 경우가 37.1%로 가장 많고, 그 다음은 개인별 업무성과에 따라 차등지급(26.6%), 그리고 부서의 성과에 따라 차등지급(21.5%)의 순으로 나타났다(〈표 Ⅲ-20〉).

(4) 성과배분 지급형태와 지급수준

성과배분제의 지급형태와 지급시기, 지급수준을 보면 〈표 Ⅲ-21〉과 같다.

성과배분제의 지급형태는 주르 특별상여금 또는 수당으로 지급되는 경우(97.3%)가 많았다. 주식 또는 사내근로복지기금을 활용하는 경우는 5.3%에 불과했다.

성과배분제의 지급시기는 연 1회가 58.6%, 매월 지급하는 경우는 8.9%를

〈표 Ⅲ-21〉 성과배분제의 지급형태와 시기, 지급수준 (단위: %)

구분		비율
지급형태	특별상여금 또는 수당	97.3
	주식	1.8
	사내근로 복지기금	3.5
	주식매입선택권(스톡옵션)	2.0
	기타	2.5
지급시기	연 1회	58.6
	반기별	14.0
	부정기	12.6
	매월	8.9
	분기별	5.9
지급수준	200% 이상	12.4
	150~200%	8.3
	100~150%	17.3
	50~100%	20.2
	30~50%	8.5
	10~30%	19.6
	10% 미만	13.7

〈표 Ⅲ-22〉 성과배분제의 협의방식 (단위: %)

협의방식	비율
별도의 협의방식이 없음	27.0
노사협의회에서 논의	41.0
성과배분제 운영을 위한 협의체 구성	8.0
노사 간 단체교섭 시 협의	19.0
기타	5.1

차지했다. 지급시기가 정해져 있지 않은 경우도 12.4%를 차지했다.

실제 지급된 1인당 연간 성과배분액을 월 통상임금과 비교하면 50~100% 미만으로 지급한 경우가 20.2%로 가장 많고 150~200% 미만으로 지급한 경우가 8.3%로 가장 낮았다.

성과배분제의 실행평가 및 제도개선은 주로 노사협의회에서 논의하는 것으로 나타났으며(41.0%), 별도의 협의방식이 없는 경우도 27.0%를 차지했다(〈표 Ⅲ-20〉).

4 한국기업의 스톡옵션제도 변천

1) 스톡옵션제도

(1) 스톡옵션제도의 개념

스톡옵션제도란 회사가 임직원에게 자사주식의 일정 수량을 미래의 일정한 기간(권리행사기간) 내에 사전에 약정된 가격(권리행사가격)으로 매입할 수 있는 권리를 부여하는 것을 말한다. 처음부터 주식을 매수해서 보유하는 것이 아니라 주식을 매수할 수 있는 권리(선택권)를 보유하는 것을 의미한다(김영재, 1999). 따라서 스톡옵션을 부여받은 임직원은 자신이 가지고 있는 권리를 행사할 수 있는 시점이 도달했을 때, 권리를 행사할 수도 있고 하지 않을 수도 있기 때문에 스톡옵션의 보유로 인한 손해는 발생하지 않는다는 이점이 있다(박우성, 2000). 즉, 스톡옵션을 가진 개인은 자신이 부여받은 행사가격보다 주식가격이 높은 경우에만 자신의 권리를 행사하여 그 차익을 가지려고 할 것이고, 주식가격이 행사가격보다 낮거나 같은 경우에는 권리를 행사하지 않게 되는 것이다. 이 점이 스톡옵션의 주요한 특징이라 할 수 있으며, 주가가 하락할 경우 임직원의 손실이 발생하게 되는 우리사주조합과 구별되는 이유이다.

스톡옵션의 운영에는 중요한 네 가지 시점이 존재한다(김영재, 1999; 박우성, 2000).

첫째, 부여시점(grant time)은 스톡옵션을 임직원에게 부여하는 시점이다. 이 시점에서는 회사와 임직원의 계약을 통해 보유주식의 양, 권리행사기간, 권리행사가격 등을 결정하게 된다.

둘째, 행사시점(exercise time)은 스톡옵션을 부여한 시점에서 계약을 통해 맺어진 스톡옵션을 도입하는 기간이 도래하여, 임직원이 자신에게 유리하다고 판단하는 경우 회사에 주당 일정 가격을 지불하고 일정 수량의 자사주식을 매입하는 시점이다. 행사시점과 부여시점 사이의 기간은 스톡옵션의 행사가 제한되는 권한확정기간(vesting period)으로, 우리나라 증권거래법에는 이 기간이 3년으로 고정되어 있다. 따라서 스톡옵션을 부여받은 후 최소 3년이 지나야 권리를 행사할 수 있다. 그러나 이 기간 이후 회사가 약정한 기간까지는 임직원이 스스로의 결정에 따라 옵션의 행사시점을 자유롭게 선택할 수 있다.

셋째, 매각시점(sell time)은 행사시점에서 스톡옵션을 행사하여 취득한 주식을 추후 주식시장에 매각하는 시점이다. 스톡옵션의 행사를 통한 자사주식의 매입과 주식시장에의 매각이 동시에 일어날 수도 있으나 매각시기를 결정하는 것은 전적으로 스톡옵션 보유자의 판단에 달려 있다. 또한 매각시점은 회사와 임직원 간의 계약에 의해 결정될 수도 있는데, 이는 임직원이 가능한 한 자사의 주식을 오랫동안 보유하도록 함으로써 스톡옵션제도의 목적인 임직원과 주주들의 이해관계를 일치시킬 수 있기 때문이다.

예를 들어, 〈그림 Ⅲ-2〉에서와 같이 ① 부여시점에 임원 A에게 회사가 주식 1,000주를 시장가격과 관계없이 2만 원에 살 수 있는 권리를 부여했다 하고, ② 행사시점에 회사의 주가가 3만 원인 주식을 임원 A가 옵션을 행사하여 2만 원을 회사에 납부하고 주식 1,000주를 취득해서, ③ 매각시점에 임원 A가 취득한 주식 1,000주를 5만 원에 매각한다고 가정하자.

이 경우, 행사시점에서 임원 A는 현재의 시가로 평가한 주식의 가치 3,000만 원에서 자신의 주식구입을 위해 지출한 2,000만 원을 뺀 1,000만 원의 평가이익을 얻게 되고, 매각시점에서는 주가가 5만 원이므로 주당 2만 원의 추가 이득을 얻게 된다. 결국 임원 A는 3,000만 원[(5만-2만 원)×1,000주]의 실현이익을 얻게 되는 것이다.

넷째, 만료기간(expiration date)은 스톡옵션의 권리가 소멸되는 기간으로, 이 기간이 지나면 스톡옵션을 행사할 수 없게 된다. 따라서 스톡옵션을

〈그림 Ⅲ-2〉 스톡옵션의 주요 시점

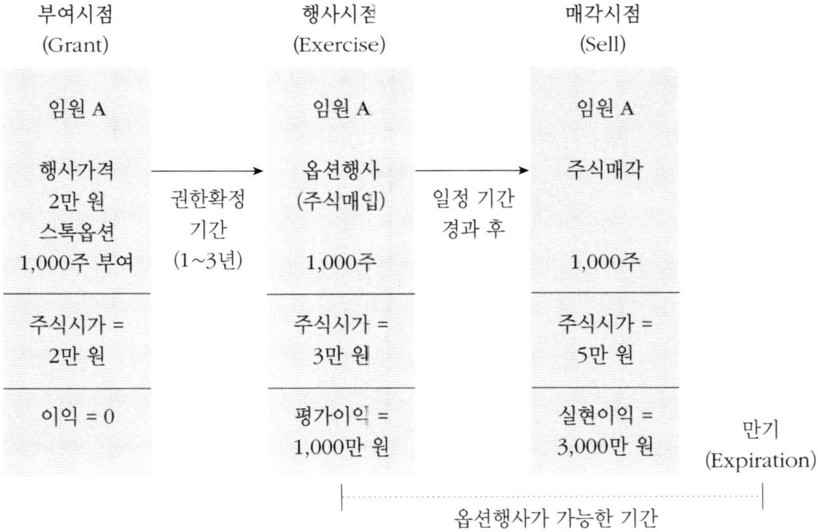

자료: 박우성(2000).

부여받은 임직원은 반드시 이 전에 권리를 행사해야 한다. 그러나 스톡옵션의 권리가 존재하는 전 기간을 통해 주가가 행사가격 이상으로 오르지 않으면 개인은 스톡옵션을 행사할 이유가 없으며, 이 경우 만기가 지나는 순간 스톡옵션 권리행사권은 소멸되게 된다.

스톡옵션제도를 활용하면 조직구성원들의 근로의욕이 자극된다. 옵션을 부여받은 조직구성원들이 보다 많은 노력을 투하하여 경영성과의 증대, 기업가치의 증가가 이루어지게 되면 이러한 성과가 시장의 주식가격에 반영되고, 결국은 그들이 매입한 주식의 주가상승으로 자본이득을 얻게 되므로, 스톡옵션은 근로의욕을 자극하는 효과를 가진다. 또한 스톡옵션제도를 통할 때 보상의 구체적 실현은 장기간이 경과된 후 주식을 매각함으로써 이루어지게 된다. 따라서 스톡옵션제도는 주식 혹은 주가에 근거한 주식연동형 장기인센티브제도라 할 수 있다.

(2) 스톡옵션제도의 유형[3)]

스톡옵션제도는 1920년대 미국에서 최초로 도입되었는데, 그 후 환경변화, 특히 과세시점 및 제공수단에 따라 여러 가지 형태로 발전하게 되었다. 〈표 Ⅲ-23〉에 제시된 바와 같이, 스톡옵션은 크게 투자형 스톡옵션, 보상형 스톡옵션, 전체가치형 스톡옵션으로 크게 분류할 수 있다.

① 투자형 스톡옵션(investment stock option)

투자형 스톡옵션이란 대다수의 선진국 기업들이 시행하고 있는 형식으로, 주식만을 지급대상으로 하고 수혜자는 권리행사가격만큼의 자기자금을 투자해야 하는 경우를 말한다. 이는 일반적으로 가장 많이 사용되는 스톡옵션의 형태로서, 인센티브 스톡옵션(incentive stock option: ISO)과 비적격 스톡옵션(non-qualified stock option: NQSO)으로 나눌 수 있다.

㉠ 인센티브 스톡옵션: 회사가 임직원들에게 미래의 일정 기간 내에 약정된 가격으로 일정수의 자사 주식을 매입할 수 있는 권리를 부여하는 제도로서, 일정한 요건하에서는 세제상의 우대조치가 인정된다. 이는 가장 일반적인 스톡옵션의 한 형태로서, 현재 한국기업들에서 가장 널리 사용되는 형태이다. 인센티브 스톡옵션은 기타 다른 형태의 스톡옵션에 비해 종업원들에게 보다 나은 세금혜택을 제공하기 때문에 종업원을 동기부여하는 효과가 크다. 인센티브 스톡옵션은 내국세입법(Internal Revenue Code) 제422조에 따른 스톡옵션으로 1981년에 도입되었다. 내국세입법 제422조에서 정한 요건들을 충족시킬 경우 행사시점에서의 시가와 행사가격과의 차액에 대해서는 과세가 되지 않으며, 과세는 옵션을 행사하여 취득한 주식을 매각할 때에 생긴 매각가격과 행사가격과의 차액에 대해서만 부과된다. 또한 기업은 옵션행사 시의 시가와 행사가격과의 차액을 비용으로 처리하지 못하므로, 장부상 순이익의

3) 김영재(1999).

〈표 Ⅲ-23〉 스톡옵션의 유형

유형		제공대상	과세시점	특징
투자형 (investment)	인센티브 스톡옵션 (incentive stock option)	주식	주식매각 시	· 옵션행사 시 수혜자는 옵션가격만큼의 투자를 해야 함 · 비적격 스톡옵션과 함께 가장 많이 통용됨
	비적격 스톡옵션 (non-qualified stock option)	주식	옵션행사 시	· 일반적으로 통용됨 · 옵션가격의 고저에 따라 프리미엄 또는 디스카운트 옵션으로 구분
보상형 (apprecia-tion)	주식평가보상 (stock apprecia-tion righst)	현금 주식 혼합형	옵션행사 시	· 행사가격과 행사 시 주가의 차액을 평가하여 그 차액을 보상 · 평가 차익만큼 주식 또는 현금 지급
	가상주식제도 (phantom stock plans)	현금 · 주식 혼합형	옵션행사 시	· 존재하지 않는 가상주식을 부여 · 자사 주식의 가격상승 상당액만큼 현금지출을 수반 · 상여금을 사후에 지급하는 효과
전체 가치형 (full value)	제한부 주식제도 (restricted stock plans)	주식	제한소멸 시	· 일정 기간 매각 · 이전할 수 없는 조건부 주식을 발행하여 제공 · 부여시점에서 인건비로 처리되어 법인세 혜택을 받을 수 있음
	성과주식/단위제도 (performance shares/unit plans)	현금, 주식	옵션기간 만료 시	· 장기적으로 실적을 달성한 종업원에게 상여형태로 지급 · 일정 기간 실적으로 달성하지 못하면 권리가 소멸됨

자료: 백홍기(1999).

규모를 중시하는 기업들에게는 유리한 보상의 수단이 된다.

㉡ 비적격 스톡옵션: 비적격 스톡옵션은 세제상의 우대조치를 받을 수 없는 스톡옵션으로, 제도설계에 유연성을 가질 수 있다는 특징이 있다. 옵션의 행사 시에 임직원에게는 주식의 시장가격과 행사가격과의 차액이 자본소득이 아닌 일반 급여소득으로 간주되어 보다 높은 세율이 적용된다. 그러나 회사는 이 금액을 세무상 손금처리가 가능해 기업의 과세소득이 적어진다는 장점과 선택기간, 행사가격, 주식보유기간, 행사조건 등을 융통성 있게 설계할 수 있는 장점이 있어서, 비적격 스톡옵션을 채택하는 기업들의 수가 늘어나고 있는 추세이다. 결국 인센티브 스톡옵션은 세제상의 혜택을 누릴 수는 있지만, 제도의 설계에 있어 제약조건이 많아 유연성이 부족하다는 특징이 있고, 비적격 스톡옵션의 경우에는 이와 반대로 세금 면에서는 인센티브 스톡옵션보다 불리하지만, 유연성이 있다는 장점이 있다.

㉢ 차이점: 두 가지 옵션의 차이점을 요약하면 다음과 같다(박상수, 1999).

· 만약 옵션을 행사한 연도에 일반소득과 양도소득의 한계세율 간에 차이가 없으면, 인센티브 스톡옵션의 주요 장점(양도소득세율 적용)이 사라진다.

· 회사는 종업원이 비적격 옵션을 행사하여 획득한 이득과 같은 금액을 법인세 해당 이익에서 공제받는다. 인센티브 스톡옵션의 경우에 회사는 종업원이 법으로 정해진 기간 이전에 옵션을 행사하지 않는 한 아무것도 공제받지 못한다.

· 인센티브 스톡옵션은 옵션의 행사 시 소득이 인식되지 않기 때문에 여전히 회사의 주요 경영자들에게 선호된다. 소득의 인식은 주식을 처분할 때까지 연기된다.

· 비적격 스톡옵션은 회사가 옵션 플랜을 자유롭게 디자인할 수 있다. 따라서 회사는 자신의 특정 목적에 맞게 옵션을 설계할 수 있다.

· 비적격 스톡옵션의 경우에는 행사가격이 옵션을 부여할 때 시장가와 같아야 한다든가 하는 제약이 없다. 따라서 회사는 얼마든지 자유롭게 행사가격을 정할 수 있다.

· 인센티브 옵션과 달리 비적격 옵션은 10년 이상 지속되는 옵션플랜이나, 옵션부여 후 10년 이상의 행사기간을 갖도록 디자인할 수도 있다.

· 비적격 옵션은 양도가 가능하며, 어떤 한 해에 행사 가능한 수적 제약이 없으며, 취득한 주식의 처분에 대한 보유기간의 제약이 전혀 없다.

② 보상형 스톡옵션(appreciation stock option)

보상형 스톡옵션이란 권리행사시점의 시장가격이 행사가격을 상회할 경우 그 차액에 대해 회사가 현금, 주식 또는 현금 · 주식 혼합형으로 지급하는 형태의 스톡옵션이다. 따라서 투자형 스톡옵션과는 달리 주식 대금을 납입할 필요가 없다. 보상형 스톡옵션은 주식평가보상(stock appreciation rights: SARs)과 가상주식제도(phantom stock plans)의 형태로 구분된다.

㉠ 주식평가보상: 주식평가보상권은 임직원에게 일정 기간에 있어서 자사주식의 시장가격 상승액을 보상으로 받을 수 있는 권리를 부여하는 제도이다. 권리행사시점의 주식의 시장가격과 행사가격과의 차액이 현금이나 주식 또는 이들의 혼합형태로 지급되므로, 주식평가보상권을 부여받은 임직원은 권리행사를 할 때에 주식을 매입할 필요가 없으므로 일시에 현금을 준비할 필요가 없고, 권리행사를 소정 기간 내에는 언제든지 할 수 있다. 특히 현금으로 보상을 받는 경우 주식매각에 소요되는 주식의 거래비용이 절약되는 장점이 있다. 회사의 경우에도 자기주식을 매수하기 어려운 경우 이를 현금으로 제공할 수 있다는 장점을 가진다. 주식평가보상권은 대체로 스톡옵션과 함께 부여되는데, 임직원은 두 가지 중에서 더 유리한 것을 선택할 수 있다.

㉡ 가상주식제도: 가상주식제도란 임직원에게 일정수의 실제 주식을 지급하지 않고, 부여일의 공정시장가치와 동일한 액수(기본가치)의 가상주식을 부여하고, 처음 설정한 일정 기간이 경과한 시점에서 가상주식의 시장가치와 부여시점에서의 기본가치와의 차액을 현금 또는 주식으로 지급하는 형태를 말한다. 이 제도는 주식을 실제로 지급하는 스톡옵션과 동일한 효과를 가지면서, 주주의 지분비율에 전혀 영향을 미치지 않

는다는 장점이 있다.

(3) 전체가치형 스톡옵션(full value stock option)

전체가치형 스톡옵션이란 임직원들의 업무 실적에 따라 성과급의 형태로 제공하는 것으로 제한부 주식제도(restricted stock plans)와 성과주식/단위제도(performance shares/unit plans)로 구분된다.

㉠ 제한부 주식제도: 제한부 주식제도란 현금이나 주식을 구입하는 옵션이 아니고 보수로서 주식을 주는 제도로, 회사가 설정한 일정한 제한기간 내에서는 양도를 금지한다는 조건으로 무상으로 주식을 지급하는 제도를 말한다. 이러한 스톡옵션의 형태는 회사의 경영층이 행사기간에 맞추어 단기적인 재무적 성과를 높이기 위해 무리한 투자나 위험성 높은 의사결정을 한 후 스톡옵션을 행사하고 곧바로 매각함으로써 높은 이득을 취하는 행위를 방지할 수 있는 효과를 가진다.

㉡ 성과주식/단위제도: 특정 성과기간(일반적으로 3~5년)의 개시시점에, 특정 기간 동안 회사의 특정한 성과목표의 달성 정도에 따라 주식이나 현금을 지급하는 계약을 체결하고, 성과기간 종료 시에 이를 수령할 수 있는 권리가 발생하는 제도를 말한다. 이때 주식을 지급하는 경우를 '성과주식'이라 하고, 현금을 지급하는 것을 '성과단위'라 한다. 가장 많이 활용되는 성과의 지표로는 총자산수익률, 투자수익률, 자기자본수익률 등의 재무적 성과지표들이 있으며, 시장점유율, 매출액이익률 등도 성과지표로 활용된다. 이 제도는 다양한 변수들이 영향을 미치게 되는 주가를 기준으로 삼지 않고, 어느 정도 통제가 가능한 성과목표를 기준으로 운영되기 때문에, 특정한 목표의 달성을 위한 동기부여 효과가 매우 크다고 할 수 있다.

(4) 스톡옵션제도의 효과와 문제점

① 스톡옵션제도의 효과

㉠ 임직원의 근로의욕 제고: 스톡옵션을 부여받을 경우 주가가 상승하면

보다 높은 수준의 보상이 주어지기 때문에, 임직원들은 보다 많은 노력을 투하하여 기업의 경영성과와 경쟁력을 증대시키고 그에 따라 주가를 상승시키고자 한다. 이에 따라 임직원의 근로의욕과 기업의 생산성이 향상되는 효과를 낳을 수 있다(박우성, 2000). 일반적으로 스톡옵션은 기업의 성과에 가장 중요한 영향을 미칠 수 있는 인력을 대상으로 한다. 주로 최고경영자나 신기술 개발인력, 회사의 핵심인력 등이 주요 대상이 되며, 이는 이들에게 스톡옵션을 부여할 경우 장기적 성과의 개선을 위해 전력을 다할 유인이 생기기 때문이다. 한편 주주 역시 임직원들의 이와 같은 노력으로 기업의 가치가 높아지면 배당이익이 증가하게 되므로, 스톡옵션은 주주에게도 유리한 제도라 할 수 있다.

㉡ 우수한 인재의 확보 및 유지: 기본적으로 스톡옵션은 스톡옵션이 제공된 후 일정 기간이 지난 후에 기업의 주가 수준에 따라 그 보상액이 결정되는 장기보상제도이다. 따라서 스톡옵션을 보유할 경우 스톡옵션을 행사하기 전에는 기업을 떠나지 않을 가능성이 높아진다. 스톡옵션을 활용하면 곧 기업의 성과 향상에 있어 중요한 핵심인력을 장기간 동안 보유할 수 있는 효과를 갖게 되고 유능한 인재가 타 기업에 스카우트되는 것을 방지할 수도 있다(김영재, 1999).

스톡옵션을 통해 우수한 인재를 유치하는 것도 가능해진다. 스톡옵션을 보상제도로 활용할 경우, 다른 보상방식으로는 제공할 수 없는 매우 높은 수준의 보상이 가능하므로 회사에 반드시 필요한 핵심인력을 끌어들일 가능성이 높아진다. 특히 전문숙련공을 구하기가 어려운 고도기술집약형 산업이나 중소벤처기업에서는 스톡옵션이 강력한 모집도구가 될 수 있다.

㉢ 주인의식의 고취: 스톡옵션제도를 활용하면 보상의 크기가 주가에 의해 결정되기 때문에, 스톡옵션을 부여받은 임직원과 주주는 '주가'라는 공통의 이해관계를 갖게 된다. 따라서 임직원들의 입장에서 회사의 이익이 곧 자신의 이익이라는 의미를 가지므로 주인의식을 갖고 업무에 임하게 된다. 임직원들은 단기적인 업적을 높이기 위해서 열심히 노

력할 뿐만 아니라 장기적인 관점에서 주주의 이익을 최대화하는 주주중시의 경영을 하게 된다(박우성, 2000). 특히 스톡옵션을 행사한 후 주식을 매각하지 않고 보유하고 있는 상황이라면 이러한 주인의식은 더욱 고취될 것이며, 임직원들은 자발적으로 기업가치의 증대에 더욱 큰 관심을 가질 것이다.

㉣ 투명경영과 커뮤니케이션의 증대: 임직원들에게 스톡옵션이 부여되면 자신의 이익과 회사 이익 사이의 상관관계가 매우 커지므로, 임직원들은 회사의 운영과 성과에 큰 관심을 갖게 되고, 회사의 경영에 대해 내부감시자의 역할을 수행하게 된다. 따라서 회사의 입장에서는 투명한 경영을 요구받게 되고 내부감시자의 이해관계를 충족시켜 주어야 할 의무가 생기게 된다. 또한 기업은 기업의 주가에 영향을 미칠 수 있는 중요한 의사결정이나 환경변화에 대해서 임직원에게 보다 신속하고 정확하게 정보를 제공할 필요가 증가하게 된다(박우성, 2000).

② 스톡옵션의 문제점

㉠ 위험과 보상의 불균형: 이론적으로 스톡옵션은 그것을 부여받은 개인은 전혀 손해를 입지 않는 보상방식이다. 스톡옵션 행사시점에서 시가가 행사가보다 낮거나 같을 경우 옵션을 행사하지 않으면 되기 때문이다. 이렇게 위험이 존재하지 않기 때문에, 스톡옵션은 기본적으로 기업성과가 개선되었을 경우에 한해 커다란 보상을 지급하는 미래지향적 보상제도로서 임직원을 동기부여하기 위해 도입된다. 하지만 각 개인이 보유한 스톡옵션의 행사주식 수가 많은 경우 개인의 이해관계가 높기 때문에 동기부여 효과가 작용할 수 있으나, 각 개인에게 부여된 스톡옵션이 적은 경우 동기부여 효과가 감소하게 된다. 또한 스톡옵션은 집단의 성과에 대해 보상을 하는 일종의 집단성과급이므로, 특히 종업원의 대부분을 수혜자로 하는 종업원 스톡옵션의 경우 특정한 개인이 별다른 노력을 기울이지 않아도 기업의 성과와 주가가 상승하면 이익을 볼 수 있는 무임승차의 문제가 발생할 수 있다(박우성, 2000).

㉡ 단기 성과 위주의 경영: 스톡옵션은 장기 성과를 위주로 보상이 주어지는 장기적 인센티브이다. 그러나 스톡옵션의 실제 운영 과정에 있어서 오히려 단기적 성과에만 집착하게 되는 부작용이 발생할 수 있다. 많은 양의 스톡옵션을 부여받은 최고경영층의 경우 스톡옵션을 통해 이익을 최대로 얻기 위해서 권한확정기간이 끝나가는 시점에 단기적 성과개선만을 위한 단기적인 의사결정을 선호하고, 이를 통해 주가를 최대한 상승시키기 위해 노력하게 된다. 그 결과 일시적으로 주가는 상승하여 보상액은 극대화될 수 있을지 모르나, 회사의 장기적인 성장이나 안정성은 오히려 악화될 수 있는 문제점이 있다.

㉢ 주가의 희석: 스톡옵션을 부여받은 수혜자가 스톡옵션을 행사하게 되면, 전체 주식의 수가 증가하게 되고 이에 따라 주가가 하락할 가능성이 높아진다(박우성, 2000). 특히 이러한 문제는 자사주 방식으로 주식을 제공하는 것이 아니라, 신주 발행 방식으로 주식을 제공할 경우 집중적으로 발생하게 된다. 주가 희석의 문제는 스톡옵션을 부여받은 임직원보다는 주주들에게 보다 심각한 문제로 부각된다. 주주의 입장에서는 스톡옵션을 부여함으로써 임직원에 대한 동기부여 효과를 통해 기업의 성과가 상승하고 그에 따라 기업가치의 상승과 주가의 상승이 이루어져서 주주 개개인에게 이익이 될 수 있는 것이 사실이지만, 이와 동시에 스톡옵션을 통해 신주의 발행이 증가하게 될 경우 주가가 하락하여 손해를 볼 가능성 역시 존재하기 때문이다.

㉣ 회계처리상 과도한 비용인식과 이익의 축소: 스톡옵션의 도입에 따른 회계처리상의 문제점도 존재한다. 스톡옵션을 임직원에게 부여한 회사는 결산 기말 당해 기업의 주식시가가 상승하여 행사가격과 큰 차이가 있을 경우 재무제표상에 상당한 금액을 비용으로 인식해야 한다. 이는 현행 스톡옵션제도에 따르면 회사는 매 회계연도 말 스톡옵션의 행사가격과 시가와의 차액을 안분하여 비용으로 인식하도록 되어 있기 때문이다. 따라서 부여가격과 행사가격의 차이를 비용으로 인식하여 회계처리를 해야 하는데 그 차이가 크고 부여대상자가 많을수록 비용으로

인식해야 하는 규모가 커져서 회계처리 시 문제가 된다. 결국 주가가 상승하는 경우 회계상 많은 비용이 발생하게 되어 기업의 경영실적이 좋음에도 불구하고 회계상 이익은 크게 축소되거나 심지어 적자가 나타나기도 한다. 이러한 회계상의 낮은 경영실적으로 인해 장기적인 주가나 새로운 투자유치에 불이익을 보는 경우도 발생할 수 있다.

ⓜ 지나친 조세혜택: 스톡옵션제도를 도입하는 원래의 목적은 임직원의 동기부여를 통해 회사의 성과를 개선시키고, 임직원이 주인의식을 가지고 회사의 가치를 증가시키도록 하여 궁극적으로 주주의 부를 극대화하는 것이다. 그러나 실제로 회사들이 스톡옵션제도를 도입하는 현실적인 이유는 세금감면혜택을 받기 때문일 가능성이 존재한다. 이럴 경우 실제로 기업의 성과가 향상되어 주주의 부가 극대화되기보다는, 단지 임직원이나 회사만이 이득을 보는 제도로 악용될 가능성이 존재한다.

2) 스톡옵션제도의 도입 내용과 현황

우리나라에서 스톡옵션은 증권거래법 제189조의 4에 '주식매입선택권' 이라는 명칭으로 1997년 4월 1일부터 시행되었다. 스톡옵션 부여가능 법인과 대상자, 부여주식 총한도, 행사기간 등 개괄적 내용은 〈표 Ⅲ-24〉와 같다.

다음에서는 한국상장회사협의회가 2002년 8월 14일 현재 상장회사 675개사 중 스톡옵션제도가 처음 도입된 1997년 이후 스톡옵션을 부여하고 운영하고 있는 118개사를 대상으로 조사, 분석한 내용[4]을 바탕으로 한국기업

4) 내용 작성 기준은 다음과 같다.

① 부여주식 수: 스톡옵션 부여차수별 부여주식 수에서 스톡옵션 취소주식 수를 차감한 부여주식 수의 누계

② 부여인원: 스톡옵션 부여차수별 부여인원 누계(1인이 2회 부여받을 경우 2인으로 계산)

③ 임직원 수: 스톡옵션을 부여한 사업 연도의 당해 사업(분기 · 반기 포함) 보고서상 회사가 제시한 임직원 수 기준(임원 수는 비등기 및 비상임임원을 포함)

④ 기업규모 구분 기준: 증권시장의 기업규모 분류기준(대기업 자본금 750억 원 이상, 중소기업 750억 원 미만)

〈표 Ⅲ-24〉 증권거래법상의 스톡옵션제도

구분	주요 내용
부여가능법인	· 주권상장법인 · 협회등록법인 · 벤처기업: 7년 이내의 중소기업 창업자, 신기술 창업지원법상 신기술 개발 · 응용 중소기업
부여대상자	· 법인의 설립과 경영, 기술혁신 등에 기여했거나 기여할 능력을 갖춘 당해 법인의 임직원 · 부여대상자의 제한 ① 주요 주주, 제1대 주주 및 그 특수관계법인 임직원, 임직원 모두를 부여대상자로 하는 경우 ② 부여받은 후 발행주식 총수의 10%를 초과하여 소유하는 자 ③ 행사가액의 연간합계 5,000만 원을 초과하는 자의 초과부분(세제상 혜택을 포기하는 경우는 부여 가능)
부여주식 총한도	· 상장법인 및 협회등록법인: 발행주식 총수의 15% · 벤처기업: 발행주식 총수의 50% · 조특법상 과세특례 요건: 1인당 10% 이하, 연간 3,000만 원 이하의 경우
부여방법	· 행사가격으로 신주발행 교부(신주 인수권 방식) · 자기주식 취득 후 행사가격으로 교부(자사주 매입 방식) · 행사가격과 시가와의 차액을 현금 또는 자기주식으로 교부(SAR)
행사기간	· 옵션부여를 위한 주총 특별결의일로부터 3년 경과 후, 정관이 정하는 옵션행사일까지(경과기간 3년을 포함하여 10년 이내)
행사가격	· 스톡옵션 부여를 결정한 주총 특별결의일 전 3개월간 평균 종가(상장법인: 시가, 기타법인: 상속세법에 따라 평가한 가격) · 비상장사: (순자산가치 + 순손익가치) ÷ 2 이상
세제혜택	· 스톡옵션을 받은 날로부터 3년 이상 경과 후 재직기간 중 스톡옵션을 행사할 경우 근로소득세와 법인세 면제(연간 3,000만 원 이내)
취소사유	· 다음에 해당하는 경우 정관에서 이사회의 결의로 취소 가능 ① 스톡옵션을 부여받은 임직원이 본인 의사에 따라 퇴임하거나 퇴직한 경우 ② 임직원이 고의 또는 과실로 법인에 중대한 손해를 끼친 경우 ③ 법인의 파산 또는 해산 등으로 스톡옵션 행사에 응할 수 없는 경우 ④ 기타 스톡옵션을 부여받은 자와 체결한 부여계약서에서 정한 취소사유가 발생한 경우

〈표 Ⅲ-25〉 연도별 스톡옵션 부여회사 수 (단위: 개사)

연도	구분	대기업	중소기업	계
1997	부여	1	–	1
	취소	–	–	–
	계	1(1)	–(–)	1(1)
1998	부여	3	5	8
	취소	–	–	–
	계	3(2)	5(5)	8(7)
1999	부여	15	20	35
	취소	–	–	–
	계	3(2)	3(2)	3(2)
2000	부여	51	56	107
	취소	–	1	1
	계	51(36)	55(36)	106(72)
2001	부여	54	61	115
	취소	–	4	4
	계	54(3)	57(6)	111(9)
2002	부여	58	66	124
	취소	1	5	6
	계	57(4)	61(9)	118(13)

주: 괄호 안은 당해 연도 중 신규로 부여한 회사 수이며, '취소'는 부여주식 모두가 취소된 경우임.

들의 스톡옵션 시행 현황에 대해 살펴보고자 한다.

(1) 연도별 스톡옵션 부여회사 수

2002년 8월 14일 현재까지 스톡옵션을 1회 이상 부여한 상장회사는 129개사이다. 이 가운데 행사기간이 만료되거나 취소한 회사를 제외하고, 현재 스톡옵션을 부여하여 운영 중인 회사는 전체 675개 상장회사 중 17.5%인 118개사이다. 기업규모별로는 대기업이 57개사(48.3%), 중소기업이 61개사(51.7%)였으며, 규모별 스톡옵션제도의 활용도는 큰 차이가 없었다.

주가가 큰 폭으로 오른 해인 1999년도 및 2000년도 초에 전체 부여회사의 83.9%에 해당하는 99개사가 신규로 스톡옵션을 부여했다(주가지수는 1999년 1월 초 587.57p에서 2000년도 1월 초 1,059.04p로 약 1.8배가 증가했다)(〈표 Ⅲ-25〉).

(2) 임직원 1인당 평균 부여주식 수

① 기업규모별 부여주식 수

스톡옵션은 직원보다는 주로 임원 중심으로 부여하고 있었으며, 임원 1인당 평균 28,300주를 부여하고 있었다. 그리고 임원 평균 부여주식 수가 직원 평균 부여주식 수(1인당 3,200주)보다 약 8.8배 더 많은 것으로 나타났다.

대기업의 경우 임원 53명에게 146만 주(임원 평균 27,700주)를, 직원 19명

〈표 Ⅲ-26〉 기업규모별 부여주식 수 (단위: 명, 천 주, %)

구분		임원		직원		계	
			비중		비중		비중
대기업 (57개사)	인원(A)	3,002 (53)	21.3	11,008 (195)	78.7	14,090 (247)	100.0
	주식 수 (B)	83,175 (1,459)	70.6	34,627 (607)	29.4	117,802 (2,067)	100.0
	B/A	27.7		3.1		8.4	
중소기업 (61개사)	인원(A)	649 (11)	10.7	5,401 (89)	89.3	6,050 (99)	100.0
	주식 수 (B)	20,131 (330)	51.7	18,786 (308)	48.3	38,917 (638)	100.0
	B/A	31.0		3.5		6.4	
전체 (118개사)	인원(A)	3,651 (31)	18.1	16,489 (140)	81.9	20,140 (171)	100.0
	주식 수 (B)	103,306 (875)	65.9	53,413 (453)	34.1	156,719 (2,749)	100.0
	B/A	28.3		3.2		7.8	

주: 괄호 안은 1사당 평균치임.

〈표 Ⅲ-27〉 업종별 부여주식 수 (단위: 명, 천 주, %)

구분		임원	비중	직원	비중	계	비중
제조업 (71개사)	인원(A)	2,143 (30)	14.8	12,299 (173)	85.2	14,442 (203)	100.0
	주식 수 (B)	43,786 (617)	54.5	36,609 (516)	45.5	80,398 (1,132)	100.0
	B/A	20.4		3.0		5.6	
비제조업 (19개사)	인원(A)	653 (34)	30.6	1,482 (78)	69.4	2,135 (112)	100.0
	주식 수 (B)	14,957 (787)	67.1	7,349 (387)	32.9	22,305 (1,174)	100.0
	B/A	22.9		5.0		10.4	
금융업 (28개사)	인원(A)	855 (31)	24.0	2,708 (96)	76.0	3,563 (127)	100.0
	주식 수 (B)	44,563 (1,592)	82.5	9,456 (338)	17.5	54,109 (1,929)	100.0
	B/A	52.1		3.5		15.2	
전체 (118개사)	인원(A)	3,651 (31)	18.1	16,489 (140)	81.9	20,140 (171)	100.0
	주식 수 (B)	103,306 (875)	65.9	53,413 (452)	34.1	156,719 (1,328)	100.0
	B/A	28.3		3.2		7.8	

주: 괄호 안은 1사당 평균치임.

에게 61만 주(직원 평균 3,100주)를 부여하는 것으로 나타났다. 한편 중소기업의 경우 임원 11명에게 33만 주(임원 평균 31,000주)를, 직원 89명에게 31만 주(직원 평균 3,500주)를 부여하는 것으로 나타났다(〈표 Ⅲ-26〉).

② 업종별 부여주식 수

업종별 부여주식 수를 살펴보면, 임원 1인당 평균 부여주식 수에서 금융업이 제조업 및 비제조업보다 2배 이상 많음을 알 수 있다. 그러나 직원에 대한 1인당 평균 부여주식수는 업종별로 큰 차이가 없었다. 제조업의 경우 임원 평균 20,400주, 직원 평균 3,000주의 스톡옵션을 부여하고 있었으며, 비제조업의 경우 임원 평균 22,900주, 직원 평균 5,000주, 그리고 금융업의 경우 임원 평균 52,100주, 직원 평균 3,500주의 스톡옵션을 부여하고 있었다. 따라서 임직원 1인당 평균 부여주식 수는 금융업 〉 비제조업 〉 제조업의 순으로 나타났다(〈표 Ⅲ-27〉).

(3) 기대행사차익[5)]

2002년 9월 19일 현재, 주가기준 기대행사차익이 발생한 회사는 전체의 27.1%인 32개사였다. 기업규모별 1주당 평균 기대행사차익의 경우, 대기업(14,750원)이 중소기업(7,240원)에 비해 2배 높음을 알 수 있다(〈표 Ⅲ-28〉).

업종별로는 제조업의 기대행사차익 발생회사 수와 1주당 평균 행사차익 규모가 가장 커서 전체 32개사 중 23개사(전체 이익 발생회사의 71.9%)를 차지했으며, 1주당 평균 기대행사차익은 11,904원(제조업의 주가상승률이 상대적으로 큰 것으로 나타남)인 것으로 나타났다(〈표 Ⅲ-29〉).

(4) 스톡옵션 부여방법

신주교부, 자기주식교부, 차액보상 등 스톡옵션 부여 시 스톡옵션 부여방법을 구체적으로 확정한 회사는 전체 118개사 중 44개사(37.3%)였다. 나머지 74개사(62.7%)는 추후에 행사기간이 도래한 이후 스톡옵션을 행사할 때 이사회 결의로 정하기로 되어 있었다.

주식교부형[6)] 스톡옵션 부여회사의 경우, 부여방법을 확정한 44개사 중 42

5) 기대행사차익이란 2002년 9월 19일 현재 당해 회사의 주가가 행사가액보다 높아 스톡옵션을 행사할 경우 예상되는 이익을 말한다.

6) ① 신주발행방식: 스톡옵션 행사 시 스톡옵션 부여 시에 정한 행사가격으로 신주를 발행하여 교부하는 방식

② 자기주식교부방식: 스톡옵션 행사 시 스톡옵션 부여시에 정한 행사가격으로 자기주식을 교부하는 방식

〈표 Ⅲ-28〉 기업규모별 1주당 평균 기대행사차익 (단위: 개사, 원)

구분	대기업	중소기업	계
회사 수	57	61	118
"행사가액 〈 주가"인 회사 수 (이익)	15	17	32
1주당 평균 기대행사차익	14,750	7,240	10,760

주: 주가는 2002년 9월 19일 종가기준이며, 행사가액은 부여주식 수를 가중치로 한 행사가액의 가중산술평균치임.

〈표 Ⅲ-29〉 업종별 1주당 평균 기대행사차익 (단위: 개사, 원)

구분	제조업	비제조업	금융업	계
회사 수	71	19	28	118
"행사가액 〈 주가"인 회사 수 (이익)	23	3	6	32
1주당 평균 기대행사차익	11,904	6,115	8,699	10,760

주: 주가는 2002년 9월 19일 종가기준이며, 행사가액은 부여주식 수를 가중치로 한 행사가액의 가중산술평균치임.

〈표 Ⅲ-30〉 스톡옵션 부여방법 (단위: 개사, %)

구분	주식교부형		차액보상형		기타				계
	신주	자기	현금	자기	신주 · 자기	신주 · 자기 · 차액	신주 · 차액	자기 · 차액	
회사 수	34	8	2	–	25	41	3	5	118
대기업	13	2	1	–	14	20	3	4	57
중소기업	21	6	1	–	11	21	–	1	61
구성비	28.8	6.8	1.7	–	21.2	34.8	2.5	4.2	100.0

주: 기타는 스톡옵션 부여 당시 권리행사에 따른 부여방식을 정하지 않은 경우임.

개사가 이에 해당되었다. 이 가운데 34개사가 신주발행형, 8개사가 자기주식교부형이었다.

차액보상형[7)] 스톡옵션 부여회사의 경우, 부여방법 확정회사 44개사 중

7) ① 자기주식교부방식: 스톡옵션 행사 시 주식의 시가 등 보상기준가격과 스톡옵션 부여 시

2개사가 이에 해당되었으며, 2개사 모두 현금보상형인 것으로 나타났다(〈표 Ⅲ-30〉).

(5) 보상원가 회계처리방법

보상원가 회계처리방법에는 ① 공정가액접근법(스톡옵션 부여 시 예상주가변동성을 감안한 옵션가격결정모형을 적용하여 스톡옵션의 보상원가를 산정하는 방법), ② 최소가치접근법(공정가액접근법 적용 시 옵션가격결정모형에서 예상주가변동성을 0으로 보아 보상원가를 산정하는 방법), ③ 내재가치접근법〔스톡옵션 부여일부터 권리행사일까지 매 결산일(결산일 이전에 권리를 행사하는 경우에는 권리행사일) 현재의 주식의 보상기준가격과 행사가격의 차액에 해당하는 금액을 보상원가로 하는 방법〕 등이 있다.

전체 부여회사 118개사 중 55.1%인 65개사가 최소가치접근법을 채택하고 있었고, 공정가액접근법을 채택한 회사는 37개사, 내재가치접근법을 채택한 회사도 3개사가 있었다. 대체로 대기업은 공정가액접근법과 최소가치접근법을, 중소기업은 최소가치접근법을 주로 활용하고 있었다(〈표 Ⅲ-31〉).

〈표 Ⅲ-31〉 보상원가 회계처리방법 (단위: 개사)

구분	주식교부형		차액보상형	기타	계
	공정가액접근법	최소가치접근법	내재가치접근법		
대기업	25	25	3	4	57
중소기업	12	40	-	9	61
계	37	65	3	13	118

주: 기타는 상속세 및 증여세법 기준 적용회사 2개사, 부여차수별로 회계처리방법을 달리한 회사 1개사, 나머지 9개사는 회계처리를 하지 않는 경우임.

에 정한 행사가격과의 차이를 자기주식으로 교부하는 방식

② 현금보상방식: 스톡옵션 행사 시 주식의 시가 등 보상기준가격과 스톡옵션 부여 시에 정한 행사가격과의 차이를 현금으로 교부하는 방식

(6) 스톡옵션 효력발생요건

성과연동형 스톡옵션 부여회사는 전체 118개사 중 13개사(11.0%)를 차지했으며, 성과연동형 스톡옵션은 대기업 및 금융업을 중심으로 활용되고 있었다. 기업규모별로는 대기업이 57개사 중 11개사(19.3%), 중소기업이 61개사 중 2개사(3.3%)로 중소기업보다는 대기업을 중심으로 성과연동형 스톡옵션을 부여하고 있음을 알 수 있다(〈표 Ⅲ-32〉).

업종별로는 제조업이 71개사 중 3개사(4.2%), 금융업 28개사 중 10개사(35.6%)가 각각 성과연동형 스톡옵션을, 비제조업은 19개사 모두 고정부 스톡옵션을 부여하고 있었다. 따라서 성과연동형 스톡옵션은 금융업종을 중심으로 주로 활용되고 있음을 알 수 있다(〈표 Ⅲ-33〉).

또한 성과연동형 스톡옵션에서는 BIS자기자본비율, 성장성비율(영업이익증가율, 총자산증가율), 수익성비율(ROE, ROA), 무수익여신비율, 주가 등 다양한 지표를 성과측정의 수단으로 이용하고 있었다.

주요 항목별 상위사를 보면〈표 Ⅲ-34〉, 〈표 Ⅲ-35〉, 〈표 Ⅲ-36〉과 같다.

〈표 Ⅲ-32〉 기업규모별 성과연동형 스톡옵션 부여회사 (단위: 개사, %)

구분	대기업	중소기업	계
고정형	46(80.7)	59(96.7)	105(89.0)
성과연동형	11(19.3)	2(3.3)	13(11.0)
계	57(100.0)	61(100.0)	118(100.0)

주: 괄호 안은 비중을 나타냄.

〈표 Ⅲ-33〉 업종별 성과연동형 스톡옵션 부여회사 (단위: 개사, %)

구분	제조업	비제조업	금융업	계
고정형	68(95.8)	19(100.0)	18(64.4)	105(89.0)
성과연동형	3(4.2)	-(-)	10(35.6)	13(11.0)
계	71(100.0)	19(100.0)	28(100.0)	118(100.0)

주: 괄호 안은 비중을 나타냄.

〈표 Ⅲ-34〉 1인당 평균 부여주식 수 상위사 (단위: 명, 주)

순위	회사명	1인당 부여주식 수	부여임원 수	부여직원 수
1	이스텔시스템즈	798,000	2	-
2	영진약품공업	500,000	1	-
3	굿모닝신한증권	227,313	20	27
4	영원무역	170,000	2	3
5	금양	130,000	1	8
6	신원	100,000	1	-
7	큐엔텍코리아	100,000	3	-
8	누보텍	92,500	2	2
9	유니켐	80,000	1	-
10	제일은행	68,834	36	-
11	삼성중공업	68,538	52	-
12	경남은행	63,750	8	-
13	쌍용화재해상보험	61,538	10	3
14	외환신용카드	60,000	4	1
15	금강화섬	56,667	2	2
16	디피아이	56,250	8	-
17	비티아이	54,167	8	16
18	광주은행	50,000	6	-
19	코오롱건설	50,000	1	-
20	대구은행	46,928	9	6

주: 부여인원은 부여차수별 인원의 누계이며, 부여주식 수는 부여차수별 주식 수 누계에서 취소된 주식 수를 차감하였음.

〈표 Ⅲ-35〉 발행주식 총수 대비 부여주식 수 비중 상위사 (단위: %, 천 주)

순위	회사명	부여주식 수 비중	부여주식 수	발행주식 총수
1	서울증권	10.32	5,753	55,727
2	유한양행	9.82	677	6,890
3	동양기전	7.23	175	2,421
4	에넥스	7.20	327	4,547
5	지누스	6.96	338	4,857
6	쌍용화재해상보험	6.07	800	13,179
7	한솔텔레컴	5.84	424	7,256
8	케이씨텍	5.80	1,262	21,780
9	디피씨	5.78	925	16,000
10	캠브리지	5.52	171	3,097
11	한솔제지	5.16	2,294	44,488
12	비티아이	5.01	1,300	25,970
13	굿모닝신한증권	4.99	9,320	186,726
14	대구도시가스	4.89	140	2,860
15	경인양행	4.80	120	2,500
16	영진약품공업	4.75	500	10,516
17	메리츠증권	4.67	1,620	34,696
18	팬택	4.55	1,121	24,618
19	한솔CSN	4.51	2,196	48,660
20	골드상호신용금고	4.48	412	9,200

주: 발행주식 총수는 최근 제출된 사업 및 반기 보고서 기준임.

〈표 Ⅲ-36〉 기대행사차익 상위사 (단위: 명, 주, 백만 원)

순위	회사명	1주당 기대차익	임원			직원		
			부여 대상자	1인당 평균주식 수	1인당 평균기대차익	부여 대상자	1인당 평균주식 수	1인당 평균기대차익
1	삼성전자	91,325	512	10,280	938.8	309	1,440	131.5
2	삼성SDI	43,533	70	14,264	621.0	22	4,341	189.0
3	삼성화재해상보험	42,131	32	8,676	365.5	39	3,590	151.3
4	현대모비스	22,900	37	15,270	349.7	–	–	–
5	동양제과	18,454	12	1,580	29.2	8	417	7.7
6	현대자동차	18,400	104	16,875	310.5	–	–	–
7	풀무원	17,240	7	7,000	120.7	–	–	–
8	포스코	13,709	44	12,682	173.9	–	–	–
9	현대백화점	11,799	33	17,576	207.4	–	–	–
10	코오롱유화	9,900	1	10,000	99.0	–	–	–
11	웅진코웨이	8,100	5	42,000	340.2	17	9,765	79.1
12	제일모직	7,845	43	31,023	243.4	19	11,737	92.1
13	에스원	6,461	24	35,000	226.1	14	9,000	58.1
14	동양기전	6,300	4	17,250	108.7	7	15,143	95.4
15	삼성증권	4,599	37	18,845	86.7	32	4,344	20.0
16	기아자동차	3,850	80	16,125	62.1	–	–	–
17	하나은행	3,726	124	18,452	68.8	688	908	3.4
18	한올제약	3,080	7	2,371	7.3	70	456	1.4
19	세림제지	2,440	4	20,000	48.8	7	3,500	8.5
20	삼보컴퓨터	1,850	10	19,200	35.5	2,596	1,430	2.6

주: 1) 주가는 2002년 9월 19일 종가 기준.
2) 기대행사차익: 2002년 9월 19일 현재 당해 회사의 주가가 행사가액보다 높아 스톡옵션을 행사할 경우 예상되는 이익.

5 사례연구: 삼성전자[8)]

1969년에 창립한 삼성전자의 보상제도의 변천사 속에서 경영환경의 변화에 대한 기업의 대응 과정을 발견할 수 있다. '고성장 · 안정적 환경' 에서 전통적으로 연공주의라는 틀을 유지하며 능력주의를 추구해 온 삼성전자의 보상제도는, '저성장 · 안정적 환경' 이라는 새로운 경영환경에 적응하기 위해 1995년 신인사제도를 도입했고 보상제도에서 능력주의의 요소가 전면으로 부각되기 시작했다. IMF 외환위기 이후 환경의 불확실성이 급속도로 높아지면서 구조조정과 생존을 위해 개인 및 조직의 성과가 강조되었고, 연봉제와 이익분배제를 중심으로 하는 성과주의 보상제도가 하나의 인사 패러다임으로 자리하게 되었다. 〈표 Ⅲ-37〉에 삼성전자의 보상제도의 변천 과정을 요약하여 제시했다.

1) 연공 · 능력주의 보상시기

전통적으로 한국기업들의 인사관리의 근간을 이룬 연공주의는 삼성전자에서도 예외 없이 적용되어 왔다. 즉, 1995년 이전의 전통적인 승진 · 승격제도하에서는 개개인의 학력, 자격, 연령 등을 감안하여 근속 연수에 따라 급여수준이 결정되었고, 이에 따라 직급별로 일정 기간을 체류한 후에야 상위 직급으로의 승진이 가능했다. 그러나 삼성전자의 인사에서 특징적인 것은 이러한 연공주의적 구조 안에서 능력주의적 요소 역시 중요한 역할을 담당했다는 사실이다. 즉, 인사고과 결과에 기초하여 승격이 이루어지고 특진이나 유급 역시 가능했다는 사실에서 능력주의적 성격을 읽어낼 수가 있다. 능력에 따른 보상의 차이는 고과결과에 따라 상여금에 일정한 차이를 두는

8) *HR Professional*(2003) 중 「삼성전자의 보상제도: 성과주의로의 변화 및 평가」(pp. 78-94)에서 참고하여 수정 · 인용한 것임.

〈표 Ⅲ-37〉 삼성전자 보상제도의 변천 과정

구분	연공·능력주의	능력주의	성과주의
시기	창립 이후 1995년의 신인사제도 도입 이전까지	1995년의 신인사제도 도입 이후 경제위기 이전까지	경제위기 이후 현재
환경특징	고성장·안정적 환경	저성장·안정적 환경	불확실한 환경
경영전략	삼성그룹 차원의 경영과 시너지 효과	삼성전자의 독자적인 경영전략	사업부 중심의 경영전략
보상전략	연공중심 급여제도 승격중심 능력주의	급여중심의 능력주의 초우량 복지정책	인센티브 중심의 성과주의
보상제도	· 삼성그룹 공통의 직급 및 급여체계 · 특별승급/유급제도 · 고과결과에 따른 개인 및 집단상여금 차등 지급	· 삼성전자 독자적인 급여테이블 운영 · 기능직과 사무직의 통합 직급체계 · 고과승급제도 · 삼성의료보장제도	· 연봉제 도입 · 복리후생의 축소 · 이익분배제 도입

직접적인 보상방식과 승격을 통한 간접적인 방식을 통해 이루어졌다.

승격을 통한 보상의 경우, 실제로 1980년대 초에 삼성전자에 입사한 사원들의 경우 가장 빠른 속도로 승진한 사람의 경우 입사 후 19년 만에 상무로 승진했으나, 가장 늦은 경우 19년 만에 부장이 된 경우가 공존했다. 이는 연공주의하에서도 능력주의의 요소가 승진에 강한 영향을 미침을 보여 주는 단적인 예이다. 이러한 사정은 급여제도에 있어서도 마찬가지로 적용되었다. 이 당시의 급여제도는 정기승급을 통해 특별한 사유가 없으면 매년 자동으로 1호봉 승급이 이루어지는 호봉제였다. 하지만 이러한 호봉제는 탄력적으로 운영되었는데, 특진을 통해 한 번에 2호봉 승급이 이루어지는 경우, 또는 유급을 통해 승급이 이루어지지 않는 경우 역시 가능했다. 또한 개인의 업적이나 집단의 업적평가 결과에 연동시켜 상여금을 차등지급하는 형태로 능력주의의 요소가 반영되었다.

2) 능력주의 보상시기

1995년에 도입된 신인사제도는 전통적인 연공적 보상 시스템을 완전한 능력주의로 전환시키는 계기가 되었다. 조직의 성장속도가 줄어들면서, 승격제도를 통한 동기부여가 현실적으로 불가능해짐에 따라 삼성전자는 새로운 인사제도를 모색했으며, 이에 따라 승격이나 상여금을 통한 보상의 차이 대신 능력에 따라 실제 매월의 급여에 차등을 주는 직접적인 방식을 채택하게 되었다. 또한 삼성그룹 공통의 직급 및 급여체계가 갖는 문제점을 극복하기 위해서도 신인사제도의 도입은 불가피했다. 업종별로 성장성, 수익성, 경쟁상황 등이 모두 다른 상황에서 같은 인사 시스템을 적용할 경우 계열사별로 공정하지 못한 보상을 부여하게 되는 결과를 낳았던 것이다. 따라서 이때부터 삼성전자는 기업 고유의 독자적인 직급체계와 급여테이블을 운영하기 시작했다. 개인성과를 기준으로 급여수준을 정할 때 상당한 인건비 수준의 증가가 예상되었지만, 경쟁과 동기부여 효과를 통한 생산성의 향상은 이러한 비용을 초과할 것이라는 예상 역시 중요한 비중을 차지했다.

이러한 배경하에 도입된 신인사제도의 독자적인 특징들을 살펴보면 다음과 같다.

우선, 고과승급제도의 도입을 통해 급여중심의 능력주의 인사제도를 실시했다. 이전의 연공주의 보상체계하에서는, 직급과 호봉이 동일할 경우 무조건 같은 급여테이블을 적용받았으며 개인별 업적고과 결과는 상여금 지급의 차별화 정도에만 영향을 미쳤다. 그러나 신인사제도하에서는 동일직급 동일호봉이라 하더라도 인사고과 결과에 의해 매월 받는 급여의 수준이 달라지게 되었다. 즉, 고과결과에 따른 보상의 차별화의 정도가 크게 증가했다.

신인사제도를 통해 임금결정의 기준이 명확해졌다. 기존의 임금체계하에서는 기본급과 제 수당의 구분이 모호하여 기본급의 결정요인이 불분명했으나, 신인사제도하에서는 공통급(생활비 보호 차원), 능력급(업무수행능력 수준에 따름), 업무급(담당업무의 차이에 따름) 등으로, 급여를 구성하는 개개의 항목들에 대한 기준이 명확해졌다.

신인사제도의 도입으로 인해 회사가 임금결정에 대해 보다 큰 영향력을 갖게 되었다. 연공급 체계하에서는 특진 · 유급이라는 제도를 통해 어느 정도 급여수준에 대한 통제가 있기는 했지만, 기본적으로는 매년의 정기승급을 통해 자동적으로 1호봉씩 올라가는 것이 일반적이었다. 신인사제도에서는 이와는 대조적으로 고과결과에 따른 능력가급제가 적용되어 1년간 적용되는 급여테이블 자체가 개인별로 상이하게 되었다. 결국 이를 통해 급여에서 정기승급율의 비율은 감소했으며 고과승급률이 중요한 요소로 부각되었다.

3) 성과주의 보상시기

경제위기 이후 우리나라의 기업경영환경은 고도성장에서 저성장으로, 국내시장에서도 open market하어서 완전경쟁시대로 들어서게 되었다. 따라서 기업의 수익성이 급감하고 경영환경의 불확실성이 가중되었으며, 이에 따라 인사관리의 방향도 인재선발 육성 및 처우에 있어서 시장가치를 중시하지 않으면 안 되게 되었고, 평가와 보상에 있어서도 철저한 성과주의를 지향할 것이 요구되었다. 특히 보상제도에 있어서는 직급중심이나 연공형 처우에서 직급이 파괴되고 연봉제로 변화하고 있으며, 성과가 높은 사람에게는 연봉 이외에 각종 인센티브제도를 도입하여 보상을 하고 있다. 이런 추세에 맞추어 삼성전자 역시 성과주의의 요소들을 기업의 인사관리에 도입하였다.

삼성전자의 성과주의 보상제도는 크게 ① 연봉제에 의한 개인별 계약연봉, ② 핵심인력을 대상으로 별도 계약에 의해 지급되는 개인별 인센티브, 그리고 ③ 생산성 격려금(PI), ④ 이익분배제(PS) 등의 집단인센티브로 구성되어 있다(〈그림 Ⅲ-3〉).

(1) 연봉제

1998년 3월 삼성전자는 사원들에게 성과 중심의 프로의식을 강화하고 구조적 장기불황의 예상에 따라 개인 및 조직의 생산성과 직접 연동이 되는 임

〈그림 Ⅲ-3〉 삼성전자의 성과주의 보상 시스템

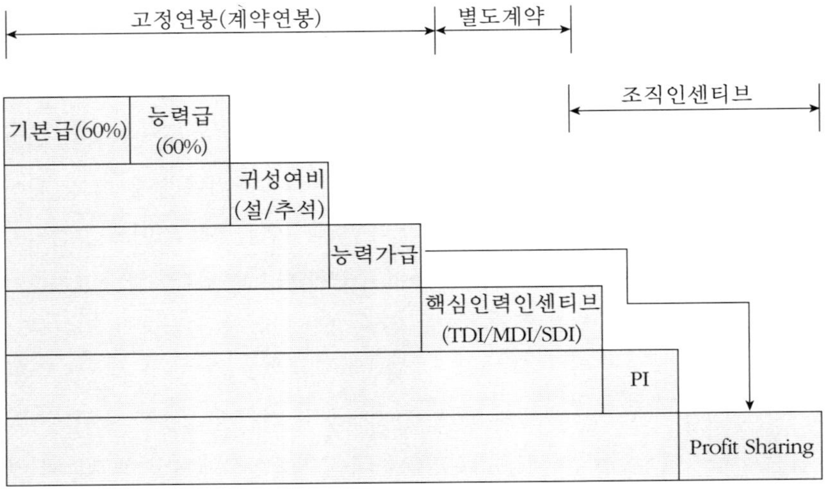

금체계를 구축하며, 복잡한 임금체계를 단순화하려는 의도로 연봉제를 도입하여 실시하기 시작했다. 그러나 무엇보다 연봉제를 실시한 근본적 이유는 금융위기 이후 부진 인력의 정리 및 우수인재의 확보에 대한 필요성이 급격히 증가한 데에 있었다. 특히 사업구조조정과 신규사업의 진출을 위해 반드시 필요한 우수인력의 확보를 가능하게 하기 위해서는 유연한 임금제도를 통해 이들을 유인하고 유지할 만한 처우수준의 제시가 필요했으며, 이때 연봉제는 적절한 대안으로 떠오르게 되었다. 연봉제하에서 개인별 계약 연봉은 기본급, 능력급, 귀성여비, 그리고 능력가급으로 구성된다. 이들 구성요소 중 연봉제의 핵심을 이루는 것은 전년도 개인 업적고과와 역량고과에 의해 결정되는 능력가급이다. 능력가급의 도입으로 인해 자동 승급이 이루어지는 호봉제가 폐지되어, 매년 조정되는 베이스업(base-up)을 제외하고는 평가절차 없이 임금이 자동적으로 상승되는 부분은 모두 없어지게 되었다. 구체적으로, '가' 부터 '마' 로 구성되는 5단계의 등급에 따라 '가' 등급을 받게 되면 능력급의 최고 130%까지 가급을 할 수 있으며, '마' 등급의 경우에는 -15%까지 감급을 할 수 있다. 따라서 최고평가와 최저평가 사이에 능력급의 145%까지의 차이가 발생할 수 있다.

연봉제를 적용하게 됨으로써 동일 직급 간 연봉의 50% 수준의 차이를 내는 것이 가능하게 되어, 그 이후에 도입된 핵심인재 인센티브와 더불어 매우 유연한 임금체계가 가능하게 되었다. 결과적으로 이는 삼성전자의 우수인재 영입에 결정적인 역할을 담당하고 있다.

(2) 핵심인력 인센티브

핵심인력 인센티브는 수년간 연속적으로 최고의 고과등급을 받고 있는 핵심인력에 결원이 생길 경우 사업의 추진에 상당한 어려움이 예상되므로 이들을 기업에서 지속적으로 유지하기 위해 실시되었다. 이 인센티브제도는 upside plan, 즉 경영성과의 110%로 초과달성할 경우 인센티브를 지급하는 제도이다. 공통(핵심항목을 선정하여 항목별로 평가하고 전 항목 80% 이상의 달성과 전체 항목평균 110%의 목표달성이 이루어졌을 때 성과급을 지급하되 개인당 연봉의 20% 이내에서 지급하도록 규정되어 있다. 핵심인력 인센티브의 주요 목적은 연구개발인력을 유지하기 위함(technology development incentive: TDI)에 있다. 하지만 핵심인력의 개념은 연구개발에만 한정되지는 않으며, 마케팅 부문(marketing development incentive: MDI), 그리고 기타 다른 부문(strategy development incentive: SDI) 역시 포함한다. 일반적으로 인센티브의 규모는 천만 원에서 수천만 원 정도이다.

(3) 생산성 격려금(performance incentive: PI)

생산성 격려금은 사업부별 성과를 반영한 집단인센티브이다. 사업총괄 및 사업부의 업적은 상반기와 하반기로 나누어 각각 A~C단계로 평가되며, A로 평가될 경우 기본급의 150%, B로 평가될 경우 기본급의 100%가 장려금으로 지급되며, C인 경우에는 장려금이 지급되지 않는다. 만약 사업총괄이 적자를 내고 있다 하더라도 사업부가 적자를 내고 있게 되면 장려금이 지급되며, 이런 의미에서 생산성 격려금은 기본적으로 사업부별 성과에 따른 인센티브라고 볼 수 있다. 생산성 격려금 지급을 위한 평가기준에는 재무적

평가가 70%, CEO가 제시한 미션의 달성 정도가 30%의 비중으로 반영되며, 이 가운데 재무적 평가의 기준이 되는 것은 경제적 부가가치(economic value added: EVA)와 자산회전율이다.

(4) 이익분배제(profit sharing: PS)

이익분배제는 삼성전자의 보상 시스템 변화 가운데 가장 파격적인 것으로서, 단기적 업적에 대한 보상의 확대 필요성에 의해 도입된 것이다. 이는 1998년 이후 강도 높은 구조조정이 진행되면서, 평생직장의 개념이 사라지고 이에 따라 회사와 사원 간의 신뢰가 낮아지는 문제를 극복하기 위한 것이었다. 이와 동시에 사업부별 책임경영체제가 강조된 것 역시 이익분배제 도입의 배경이 되었다. 회사 전체가 아니라 사업부 단위로 구조조정을 차별화하여 실시한 만큼, 사업부별의 성과는 전사적으로 공유할 것이 아니라 해당 사업부에게로 돌아가야 한다는 것이 이익분배제의 도입논리이다. 사업부 단위의 실현 성과에 대해 그 일정한 부분을 공정하고 투명한 방식으로 배분함으로써, 임직원의 창의력과 근로의욕을 자극하고자 한 것이 이익분배제의 취지이다. 구체적으로, 이익분배제는 각 사업부가 실현한 EVA(경제적 부가가치)의 20%를 재원으로 하며, 이익은 흑자이나 누적결손으로 EVA가 적자인 사업부에 대해서는 전년 대비 이익 개선금액의 10%를 재원으로 하여 인당 지급한도 내에서 운영하도록 설계되어 있다. 1인당 지급한도는 개인 계약연봉의 50% 이내로 규정되었다.

제 IV 장

기업 성과급제도의 이론적 기반과 시스템

1 성과급제도의 이론적 기반

1) 기대이론(expectancy theory)

(1) 정의와 특성

사람들은 업무를 완수하고 나면 자신이 바라는 보상이 주어질 것이라는 기대감이 있으면 열심히 일하게 되며, 원하는 바를 얻은 후에 또 다른 기대감이 있으면 더욱 열심히 일하려고 한다. 기대이론이란, 이처럼 개인이 자신의 행동이나 노력에 대해 갖는 기대감과 그것의 결과로서 얻어지는 보상의 주관적 가치에 따라 행동과 노력의 방향을 결정한다는 이론이다.

Vroom(1964)에 의하면, 개인의 동기부여의 정도는 노력을 투하하여 얻게 되는 보상이 당사자에게 주는 매력의 정도(선호도)와 노력을 기울이면 성과를 낼 수 있다고 생각하는 가능성(기대)에 의해 결정된다. 즉, 다음의 세 가

〈그림 Ⅳ-1〉 기대이론

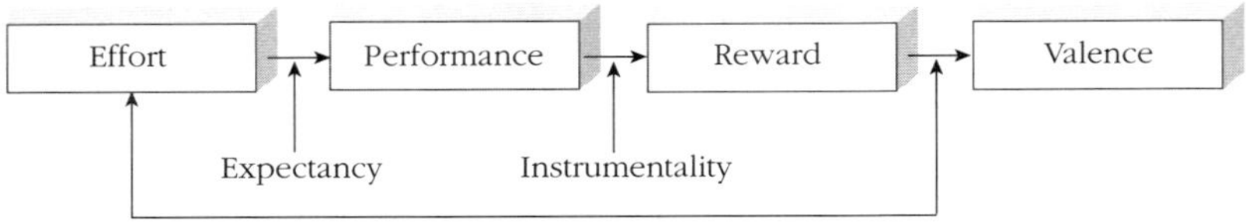

지 요소가 개인의 동기부여 정도에 영향을 미친다: ① 최종보상에 대해 개인이 느끼는 매력의 정도(최종보상에 대한 유의성: valence)와 그것을 획득하기 위해 필요한 성과수준에 대해 개인이 느끼는 매력의 정도(성과수준에 대한 유의성: valence), ② 종업원이 자신에게 주어진 일을 수행하였을 때, 이것이 보상에 영향을 미칠 것이라고 믿는 주관적인 확률(도구성: instrumentality), 그리고 ③ 개인이 노력을 기울여 필요한 성과수준을 달성할 가능성에 대한 개인의 주관적 확률 또는 믿음(기대: expectancy)이 바로 그것이다. 이들 세 가지가 모두 높을 때 동기부여수준은 높아지지만, 만일 하나라도 0이 되면 동기부여에 문제가 발생하게 된다(신유근, 2005).

기대이론에 따르면, 동기부여를 증진시키기 위해서는 그 사람의 욕구뿐만 아니라, 일정한 노력을 기울이면 달성될 수 있는 합리적인 성과수준을 제시해야 하며, 성과수준에 따라 주어지는 보상이 무엇인가를 명시할 필요가 있다. 이때 염두에 두어야 할 것은 보상이 단순히 생활을 영위하기 위한 것뿐만 아니라 어떤 상징적인 가치를 갖고 있다는 사실이다. 유의성을 극대화하기 위해서 보상 시스템은 자긍심을 고양시킬 수 있는 것이어야 한다.

(2) 성과급제도에의 함의[1)]

기대이론에 입각할 때,

① 직무와 그에 따른 책임은 명확하게 정의되어야 한다.

② 보상과 성과와의 관계는 매우 중요하게 인식되어야 한다.

③ 종업원들은 가장 큰 보상을 낳는 행동방식을 취한다.

1) Milkovich & Newman(2002).

④ 종업원이 자신의 성과목표에 영향력을 행사할 수 있도록 해야 한다.

⑤ 인센티브제도는 매우 중요하며, 가능한 한 많은 인센티브가 주어져야 한다.

2) 형평성이론(equity theory)

(1) 정의와 특성

보상의 형평성은 종업원들의 작업동기에 많은 영향을 미치므로, 기업이 종업원들을 동기부여하기 위해서는 보상이 공정하게 주어지도록 노력을 기울일 필요가 있다. 그런데 자신이 받는 보상이 공정한지의 여부는 많은 경우 어떤 객관적인 기준에 의하기보다는 다른 사람들과의 상대적인 비교를 통한 주관적인 기준에 의존하게 된다. 이러한 보상의 형평성 지각 과정에 관한 이론이 Adams(1963)의 형평성이론이다. 형평성이론에 따르면 한 개인은 일에 들인 노력인 투입(input)과 그로부터 얻어내는 산출(output)을 다른 사람들과 비교함으로써 보상의 공정성을 지각하게 된다. 투입에는 교육, 특수기술, 노력, 시간 등이 포함되고, 산출에는 급여, 복지혜택, 성취, 인정, 그리고 기타 다른 보상이 포함된다. 그리하여 만일 자신의 투입 대 산출의 비율이 타인의 비율과 동일하다고 생각하면 형평에 맞다고 지각하지만, 그렇지 않을 경우에는 형평에 맞지 않다고 판단하여 형평을 회복하려는 방향으로 행동하게 된다. 여기서 주목해야 할 것은 종업원이 자신의 투입/산출의 비율과 타인의 투입/산출 비율을 지각 과정을 통해 인식하고 비교한다는 사실이다. 즉, 개인들은 객관적인 자료를 바탕으로 비교하기보다는 자신만의 지각 과정을 통해 주관적인 판단을 하며, 보상에 대한 만족은 관련된 모든 요인들에 대한 종업원의 주관적인 해석에 따라 지각된 공정성에 의해 결정된다. 자신이 다른 사람에 비해 상대적으로 적은 보상을 받는다고 느끼는 과소보상(underpayment)의 상태를 '부정적 불형평성(negative inequity)'이라 하고, 타인의 노력이나 경력에 비해 많은 보상을 받고 있다고 느끼는 과다보상(overpayment)의 상태를 '긍정적 불형평성(positive inequity)' 이라 한다. 사람들은 불형평성을 느꼈을 때 이를 감소시키기 위해 일을 더욱 열심히 하거나(투입증가), 태업을 하거나(투입감소), 보상을 형평한 수준으로 변경할 것을 요구하기도(결과변경) 한다. 아예 조직을 이탈해 버리는 행동도 하는데, 이는 구체적으로 결근이나 이직의 형태로 나타난다. 이러한 반응은 불공정성에 대한 반응 중 가장 극단적인 것으로서, 인식되는 불공정성의 정도가 크거나 다른 방법으로 해결할 수 없는 경우에 주로 나타난다.

형평성이론은 인지조정활동(cognitive adjustment) 때문에 더욱 복잡해지는데, 형평성이론은 사람들이 투입과 산출의 대상으로서 무엇을 선택하는지, 또 사람들이 비교를 위해 어떠한 준거 인물 또는 집단을 선택하는지를 명시하지 않고 있다. 그러나 Scholl, Cooper, & Mckenna(1987)의 연구에 따르면, 사람들은 가능한 준거 인물로서 같은 직무의 종사자, 같은 기업 내의 사람, 같은 직업의 종사자, 같은 교육을 받은 사람, 그리고 같은 나이의 사람을 들었다. 또한 보상만족의 경우에는 같은 직업에 종사하고 있는 사람과의 비교가 가장 많은 영향을 미치며, 그 외 다른 집단과의 비교도 어느 정도 영향을 미친다고 했다. 결국 자신이 받는 보상 정도에 대한 비교 평가 시 여러 개의 준거 집단에 의존함을 알 수 있다.

초기의 형평성이론은 형평성을 인식하게 될 때 대상이 되는 것으로 임금이나 급여수준과 같은 경제적 보상에 주로 초점을 맞추었지만, 최근 들어 형평성 인식에 있어 경제적인 요소뿐 아니라, 그 밖의 다른 요소들 역시 영향을 미칠 수 있다는 이론이 제기되고 있다. 사회적 배경 또는 사회적 유사성 등과 같은 것이 그것이다(신유근, 2005).

(2) 성과급제도에의 함의[2)]

형평성이론에 입각할 때,

① 성과와 보상의 관계가 명확하게 운영되어야 한다. 즉, 성과가 증가하는 만큼 보상도 증가해야 한다.

2) Milkovich & Newman(2002).

② 종업원들은 다른 종업원들과의 비교를 통해 보상의 적절성을 평가하므로, 조직 내에서 종업원 간 성과급의 공정성과 일관성이 강조되어야 한다.
③ 성과측정은 명확해야 하며 종업원들이 작업행동을 통해 이에 영향을 미칠 수 있어야 한다.
④ 개인의 업무성과에 대한 평가가 공정하게 이루어지고 성과와 보상이 합치될 수 있게끔 종업원들을 공정하게 대우해야 한다.

3) 목표설정이론(goal setting theory)

(1) 정의와 특성

목표설정이론은 동기유발인자로 목표의 설정, 의도, 몰입과 같은 인지적 과정을 가장 중시한다. 이 이론에 따르면, 설정된 목표가 "최선을 다하라"는 식의 막연한 경우보다 구체적이고 도전적인 경우, 사람들은 더 높은 노력을 투하하며 그 결과 더 높은 수준의 성과를 낼 수 있다고 한다.

목표설정이론은, 금전적 인센티브가 목표의 설정과 달성에 몰입하는 정도에 영향을 미칠 수 있을 때에만 그러한 인센티브가 성과에 영향을 미칠 수 있다고 예측한다. 이는 금전적 인센티브만 갖고서는 종업원들이 어떠한 특정 목표를 추구해야 하는지에 대한 지침으로서 작용하기에는 역부족이기 때문이다(Gerhart & Rynes, 2003). 예를 들어, 경영자가 CEO가 되기 위한 토너먼트에서 승리할 경우 엄청난 양의 보상이 따른다는 사실을 알고 있다고 하자. 그러나 그러한 보상 자체가 CEO의 위치에 도달하기 위해 요구되는 성과목표에 대해서 알려 주는 바는 거의 없다. 결국, 성과보상제도는 그러한 인센티브가 목표의 선택 그리고 목표몰입에 의해 매개(mediation)될 경우에만 최종적으로 성과에 영향을 미치게 된다. 그러나 실증 연구 결과들을 살펴보면, 성과보상제도의 효과가 목표에 의해 매개된다는 예측에 대해서는 그 증거가 불확실함을 알 수 있다. 어떤 연구에서는, 개인적인 목표와 몰입도에 대한 변수가 통제되더라도, 즉 목표의 매개효과를 생각하지 않더라도 보상제도와 성과가 정(+)의 관계를 가짐이 밝혀졌으며, 또 어떤 경우에서는, 목표와 몰입에 대한 부분적인 매개효과에 의해 보상제도의 효과성이 증명되기도 한다. 또한 Lee, Locke, & Phan(1997)의 연구에서는 개인적 목표와 자기효능감(self-efficacy)이 보상제도와 성과 간의 관계를 완전매개하고 있으나, 몰입은 그렇지 않음을 밝혔다.

한편 종업원들의 성과를 향상시키는 보상제도를 고려함에 있어 가장 중요한 이론상의 이슈는 인센티브, 목표설정(goal setting), 목표몰입(goal commitment)과 업무성과(task performance) 간의 관계이다. Wright (1989)는 성과 보상의 여러 유형 중 보너스(bonus)제도가 시간급(hourly pay)보다 종업원들에게 더 높은 목표몰입을 가져온다고 밝혔다. 반면 Locke & Latham(1984)은 인센티브, 목표설정, 목표몰입과 업무성과 사이의 관계가 다소 복잡하다고 주장했다. 이들에 따르면, 목표설정 과정에 종업원이 참여하는 것이 목표몰입을 유도함에 있어 보다 효과적이라는 인식이 일반적이지만, 이와 동시에 종업원 참여는 목표의 난이도 수준에 부(−)의 영향을 미치며, 이에 따라 기대되는 업무성과의 수준은 낮아지게 된다는 문제점이 있다.

또한 성과달성수준에 있어, 목표몰입은 목표의 난이도와 상호작용한다는 점 역시 주의를 기울여야 할 부분이다. 달성하고자 하는 목표가 쉬울 경우에는, 몰입에 따른 비용이 적기 때문에 목표몰입을 얻게 되는 데에 큰 문제가 없다. 그러나 보다 도전적인 목표가 설정될 경우에는, 추가적인 노력이 필요하고 실패할 확률도 높아지기 때문에 사람들은 몰입을 꺼려하게 된다. 따라서 어려운 목표를 통해 의도한 성과수준을 달성하려 할 경우, 목표몰입을 획득하는 것이 보다 더 중요해진다. 성과와 관련한 목표의 난이도와 몰입 사이의 상호작용에 관한 실증 연구는 비교적 긍정적인 결과를 보여 주고 있다. Klein, Wesson, Hollenbeck, & Alge(1999)는 meta-analysis를 통해 목표몰입과 직무성과 사이의 표본가중 평균 상관관계가 목표 난이도가 높을 경우 0.35, 목표 난이도가 중간 수준일 경우 0.20, 그리고 목표 난이도가 낮을 경우 0.18임을 밝혀 내었다.

(2) 성과급제도에의 함의[3)]

목표설정이론에 입각할 때,

① 성과급은 중요한 성과목표의 달성 여부에 기반하여 주어져야 한다. 성과목표는 보다 도전적이고 구체적이어야 한다.

② 보상의 양은 목표달성의 어려움과 비례해야 한다.

③ 종업원들 자신이 성과목표 설정에 직접 영향을 미칠 수 있도록 해야 한다.

④ 성과에 관한 피드백을 중시해야 한다.

4) 대리인이론(agency theory)

(1) 정의와 특성

대리인이론은 소유와 경영의 분리와 관련된 문제를 다룬다. 이 이론은 주인(principal)이 대리인(agent)으로 하여금 직무를 위임하여 수행하도록 하는 대리관계(agency relationship)에 관심을 가지며, 이러한 조직의 계약관계 속에서 발생하는 대리인문제(agency problem), 그리고 이에 따른 대리인비용(agency cost)의 최소화 문제를 다룬다.

대리인문제는 주인(principal)과 대리인(agent)이 서로 상이한 목표를 가짐으로써 발생한다. 대리인은 기업의 소유주보다 그들 자신에게 이익이 되는 행동들을 추구할 가능성이 있으며, 이러한 상황에서 대리인비용이 발생하게 된다. 대리인비용이란 주인과 대리인 간의 관계에서 발생하는 비용으로, 주인이 대리인을 감시하기 위한 비용(monitoring cost), 대리인이 주인에게 기회주의적 행동(opportunistic behavior)을 하지 않겠다는 것을 보여주기 위한 보증비용, 기타 잔여비용 등을 들 수 있다.

주인과 대리인의 위험에 대한 태도가 동일하지 않다는 사실과 관련해서도

3) Milkovich & Newman(2002).

문제가 발생하는데, 이를 위험문제(risk problem)라 한다. 일반적으로 대리인은 자신의 의사결정과 행동에 있어 보다 위험회피적(risk-averse)이다. 이는 대리인이 자신의 고용상태에 대해 재량권이 적은 반면, 주인은 자신의 투자에 대한 큰 재량권을 가지고 있기 때문이다.

대리인이론에서는 대리인관계에서 발생하는 문제들을 해결하기 위해 적절한 형태의 계약(contract)을 활용할 것을 제시하고 있다.

두 가지 형태의 계약이 가능한데, 하나는 행동중심(behavior-oriented) 계약이고, 다른 하나는 결과중심(outcome-oriented) 계약이다. 행동중심 계약은 대리인에 대한 감시비용이 비교적 적은 경우에 활용되며, 이때 보상의 형태는 고정급인 월급(salary)이 적절하다. 그러나 대리인에 대한 감시비용이 부각되는 경우에는 행동중심 계약이 적절치 못하고, 이때에는 결과중심 계약을 통해 대리인의 거둔 사후적 성과를 기준으로 보상수준을 정하는 변동급을 지급하는 것이 적절하다. 그러나 고정적이지 않은 형태의 보상은 위험회피적인 대리인들에게 위험을 전가하는 것을 의미하므로, 전가되는 추가적 위험을 보상해 줄 수 있는 보상 프리미엄(예: 보너스, 스톡옵션, 커미션)이 제공이 필요하다. 결국 주인은 대리인에게 보상을 지급함에 있어, 대리인관계에서 발생할 수 있는 비용에 대해 고려해야 하며, 이때 고정급과 변동급의 비율은 대리인에 대한 감시비용의 정도에 의해 좌우된다.

한편 Tosi, Katz, & Gomez-Mejia(1997)의 연구에서 연구자들은, 대리인이 소유주의 이익을 위해 행동하도록 만들기 위해서는 감시보다는 금전적 인센티브가 더욱 효과적임을 밝히고 있다. 그러나 이들은 높은 수준의 인센티브와 높은 수준의 감시를 결합하는 것이 장기적인 관점에서 대리인의 부적절한 과다 투자를 줄이는 데에 가장 적합한 대안이 될 수 있다고 말하고 있다. 이러한 연구결과는 행동중심 계약과 결과중심 계약이 어떠한 경우에 상호 보완적이거나 대체적이 될 수 있는지에 대한 연구가 더욱 필요함을 암시하고 있다.

(2) 성과급제도에의 함의[4)]

대리인이론에 입각할 때,

① 성과급은 조직의 목표와 강하게 연계되어 있어야 한다.

② 종업원은 위험이 있는 보상을 선호하지 않으며, 성과급을 받아들일 경우 보상에 대한 프리미엄을 요구하게 되므로, 성과급은 높은 임금기회를 보장해야 한다.

③ 성과급은 종업원의 성과를 지도하고 유인하는 데 활용될 수 있다. 성과급은 종업원의 직무가 감시가 힘든 복잡한 직무일 경우 적절한 보상방식이 될 수 있다.

④ 성과 목표량은 조직의 목표와 직접 연계되도록 수립하는 것이 바람직하다.

5) 토너먼트이론(tournament theory)

토너먼트이론은, 사람들은 기본적으로 충분한 자기효능감(self-efficacy)을 가지고, 기본적으로 돈이 동기부여를 위한 충분한 요인이라는 가정하에, 종업원들이 높은 직위를 위해 경쟁을 벌이는 상황을 상정한다. 상대적으로 더 높은 성과를 달성한 사람이 보다 높은 지위에 오르며 더 많은 보상을 받게 되는데, 축구나 테니스의 토너먼트 경기에서처럼 높은 성과를 달성하는 당사자에게 돌아가는 보상의 양은 자신의 절대적인 성과의 양에 비례하는 것이 아니라, 경쟁자들과의 비교에서 상대적으로 자신이 더 잘했는가에 의해 결정된다. 현재 자신이 받고 있는 급여와 토너먼트에서 이겼을 경우 받게 되는 급여의 차이가 클수록 근로자들은 승진을 위한 경쟁을 더욱 치열하게 할 것이며, 이에 따라 그들의 생산성도 높아질 것이라는 게 이 이론의 기본가정이다.

---

4) Milkovich & Newman(2002).

회사의 경우 토너먼트의 참가자들은 가장 큰 상인 CEO의 지위라는 정점에 점진적으로 도달할 수 있는 조직의 구성원들이다. 이러한 상에 대한 기대는 열심히 일하고 자신의 역량을 최대한 발휘하는 사람이 결국에는 승리의 트로피를 갖게 될 것이라는 강력한 신호를 전 조직에 보내게 된다. 여기서 중요한 것은 경영자가 그만한 보상을 받을 만한 가치가 있는가가 아니라, 경영자 보상의 수준이 조직의 하위계층에 있는 종업원들에게 가져다주는 동기부여의 효과이다. 최고의 자리에 오르는 이에게 주어지는 높은 보상은 전 조직구성원들을 더 열심히 일하게 하는 강한 신호로 작용한다는 것이다.

토너먼트에 의한 보상은 다음과 같은 장점을 지닌다. 우선, 보상지급방식이 쉽다. 토너먼트에 의하면 상대평가에 의해 종업원들의 성과를 평가하고 보상을 결정하므로, 절대평가에 의해 개개인의 보상수준을 결정하는 방식보다 간단하다. 둘째, 토너먼트 승리자에 대한 상금이 사전에 정해져 있기 때문에 보상 관련 정책을 짜고 실행하기가 훨씬 용이하다. 셋째, 이러한 보상방식의 편리함으로 인해 토너먼트 보상은 종업원의 감시(monitoring)에 너무 많은 비용이 들거나, 감시내용에 신뢰가 가지 않을 경우 적절한 대안이 될 수 있다.

이러한 장점과 함께 토너먼트에 대한 단점 역시 지적되어 왔는데, 우선, 토너먼트에 의한 보상체계하에서는 종업원들끼리 담합을 할 가능성이 있다. 지급될 총보상이 얼마인지 알고 있다면, 모두가 태업을 하여 일을 하지 않을 경우에 돌아갈 기대수익(expected return)이나, 열심히 노력하여 일했을 때 얻을 수 있는 기대수익이 동일하기 때문에, 이러한 경우에 종업원들은 열심히 일할 인센티브가 없어지고, 태업을 할 확률이 높아지게 된다. 또 다른 단점으로, 상대방과의 상대적인 비교를 통해 평가와 보상이 주어지는 토너먼트에 의하게 될 때, 종업원들 사이에 과도한 경쟁이 야기될 수 있다는 점이 지적되고 있다. 따라서 토너먼트 시스템은 협력이 절실히 요구되는 상황에는 활용하지 않는 것이 바람직하다. 이러한 경우에는 절대 성과에 의해 보상의 수준을 정함으로써 비협조에 대한 유인을 최소화하는 것이 필요하다.

6) 2요인이론(dual factor theory)

(1) 정의와 특성

Herzberg(1968)가 제시한 2요인이론에서는, 사람들의 욕구라는 것은 불만족 해소 차원과 만족 증대 차원이라는 두 가지의 차원으로 구성되어 있다고 말한다. 그리고 직무 차원에서 이 둘은 별개의 차원에 존재하기 때문에 불만족의 해소와 만족의 증대 문제는 별도로 고려되어야 한다. 특히 사람들이 불만족을 느끼는 것은 직무의 상황(context)과 관련되어 있고, 만족을 느끼는 것은 직무의 내용(content)과 연관된다(신유근, 2005). 직무의 상황과 관련되어 있는 요인들을 위생요인(hygiene factors)이라 하는데, 이는 경제적 · 물질적 보상과 같은 외부적 보상, 회사정책, 물리적 환경과 같은 요인으로서, 위생요인들이 적절한 수준으로 주어지지 못할 경우 불만족을 야기하게 되므로 이를 '불만족요인(dissatisfaction factors)' 이라고도 한다. 위생요인의 경우 이를 충족시킬 경우 불만족의 수준이 감소하게 되지만, 이것이 곧 만족의 증가를 의미하지는 않는다. 물질적 보상이 충분하지 않을 경우 불만을 느끼게 되지만, 물질적 보상이 일정 수준 이상으로 계속 상승하게 된다고 해서 직무에 대한 만족이 증가하지는 않는 것이다. 즉, 위생요인이 만족되었을 때, 그것은 직무불만족의 반대인 직무만족(job satisfaction)이 아니라 직무불만족이 일어나지 않은 상태(no job dissatisfaction)에 불과한 것이다.

반면에 직무의 내용과 관련되어 있는 요인들은 '동기요인(motivators)' 이라 하는데, 이는 일을 수행하는 과정에서 성취감이나 도전감과 같이 업무 그 자체로부터 얻을 수 있는 내재적 보상을 말한다. 현대 사회에서는 직무에서 오는 보람, 성취감, 자아실현, 타인의 인정, 삶의 질 등과 같은 덕목이 물질적 보상 못지않은 중요한 요소로 부각되었으며, 이들은 보다 나은 만족과 성과를 가져오도록 동기부여하는 요인으로 작용한다. 이런 의미에서 동기요인을 '만족요인(satisfaction factors)' 이라고 한다. 만족요인은 그것이 충족되지 않는다고 해서 불만족 상태가 되는 것은 아니다. 그렇지만 만족요인이 일단 충족되면, 직무에 대한 적극적인 태도를 보이게 되고 더욱 긍정적인 자세로 직무에 임하게 되는 질적인 개선이 가능하게 된다.

이러한 2요인이론이 기업에 시사하는 바는 크다. 흔히 경영진이나 관리자들은 조직구성원들을 동기부여하기 위해 급여를 올려주거나, 상여금을 일괄 지급하거나, 직무환경을 바꾸어 주는 등의 위생요인만을 단기적으로 충족시켜 구성원들의 동기를 끌어내려고 하는 것이 사실이며, 이로써 자신들이 책무는 완수했다고 생각한다. 그러나 위생요인의 충족은 구성원들에게 궁극적인 동기를 불러일으키는 못한다. 단지 직무불만족 요인을 제거하는 의미밖에는 되지 못한다. 구성원들의 궁극적인 동기를 불러일으키고 만족의 수준을 높여 궁극적인 생산성과 성과의 향상을 꾀하기 위해서는 동기요인을 자극할 그 무엇이 있어야 한다. 이는 종업원의 성장, 종업원의 성공체험, 종업원에게의 권한이양 등에 경영진과 관리자들이 신경을 써야 함을 의미하는 것이다.

(2) 성과급제도에의 함의[5)]

2요인이론에 입각할 때,

① 기본급은 위생요인을 충족시킬 수 있는 경제적 수단을 제공할 수 있는 수준으로 책정되어야 한다. 그러나 이러한 기본급만으로 성과 향상을 기대할 수는 없다.

② 기본적 욕구(경제적 욕구 등과 같은)를 충족시키는 데 필요한 것 이상으로 주어지는 보상을 통해서 성과의 향상을 기대할 수 있다.

③ 성과급은 종업원의 명예, 성취감, 직무에서 오는 보람 등에 대한 종업원의 욕구를 충족시키는 것과 관련될 때, 종업원들을 동기부여할 수 있다.

④ 집단분위기, 인간관계, 책임감, 직무의 종류, 작업환경과 같은 요소들이 성과급의 효과에 영향을 미친다.

---

5) Milkovich & Newman(2002).

2 성과급제도 시스템

성과급제도를 보다 효율적이고 체계적으로 운영하기 위해서는 성과보상의 전략적인 목표와 보상 시스템의 기초를 이루는 전략적인 정책들, 그리고 이러한 전략적인 목표와 전략적인 정책들을 연계시키기 위한 구체적인 성과보상기법들에 대해 총체적으로 고려할 필요가 있다. 이렇게 체계적인 관점에서 성과급제도에 접근하게 될 때, 종업원들에 대한 보상을 통해 종업원들을 외부로부터 유인하고 유지시키며, 기업의 전략적 목표와 종업원들의 행동을 일치(align)시킴으로써 궁극적으로는 기업성과의 향상을 꾀하고자

〈그림 Ⅳ-2〉 급여모형

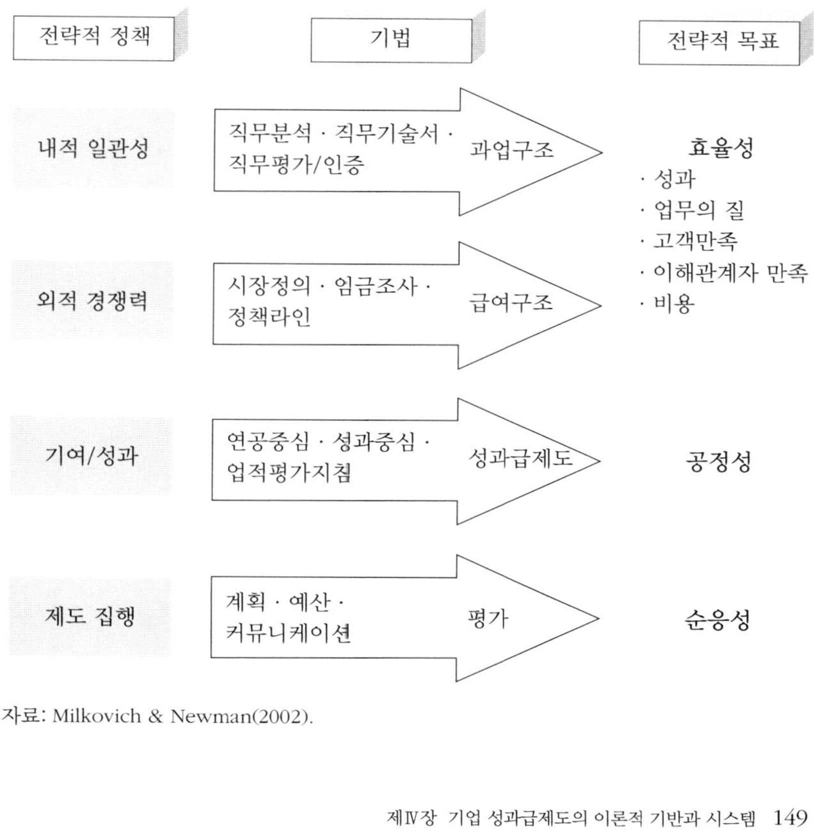

자료: Milkovich & Newman(2002).

하는 성과급제도 본래의 목적을 달성할 수 있게 된다. 이하에서는 이러한 성과급제도의 시스템의 한 예로서, Milkovich & Newman(2002)의 급여모형(pay model)에 대해 살펴보고자 한다.

1) 전략적 보상목표(strategic compensation objectives)

성과보상 시스템은 특정한 목표를 수행하도록 설계되고 유지되는데, 가장 기본적인 목표로는 ① 효율성(efficiency), ② 공정성(fairness), 그리고 ③ 법과 규제에 대한 순응성(compliance)을 꼽을 수 있다.

여기서 효율성이라 함은 구체적으로, 기업의 성과와 품질을 향상시키고 고객과 주주를 만족시키며, 노동비용을 통제하는 것을 말한다. 기업들은 자신의 재무적 성과가 비슷한 기업들에 비해 보다 높은 수준의 기업성과와 경쟁력 있는 임금체계를 갖기 위해 노력하게 되는데, 이는 효율성 목표를 추구하기 위한 기업들의 노력이 반영된 결과라 할 수 있을 것이다.

공정성은 성과와 보상 시스템의 근본적인 목표가 된다. 공정성을 지키기 위해 기업들은 급여체계를 설계할 때 종업원의 공헌(성과, 기술, 경력)과 니즈(공정한 절차, 공정한 임금)를 적절히 고려하여 보상 시스템의 설계와 운영에 있어 종업원을 공정하게 대우할 수 있도록 해야 한다.

마지막으로 순응성은 성과보상 시스템이 여러 가지 법과 정부의 규율을 따라야 한다는 것을 의미한다. 따라서 법과 규율이 변하게 될 때, 이에 맞추어 성과보상 시스템 역시 개선되어야 순응성을 유지할 수 있다.

이러한 세 가지의 전략적 보상목표들은 보상 시스템의 설계에 있어 지침으로 작용하게 되며, 또한 보상 시스템의 성공적으로 작동하고 있는지에 대한 평가의 기준이 된다는 점에서 매우 중요하다.

2) 전략적 정책(strategic policies)

모든 고용주들은 전략적 정책을 결정할 때 ① 내적 일관성, ② 외적 경쟁력, ③ 종업원 공헌, ④ 제도집행이라는 네 가지 요소를 고려해야 한다. 이러한 정책들은 보상 시스템을 수립하는 기반이 되며, 시스템의 목표를 달성하기 위한 관리방침의 가이드라인으로도 작용한다.

(1) 내적 일관성(internal consistency)

내적 일관성은 어떤 한 조직 내부에서 직무나 기술의 수준을 비교하는 것을 말하는데, 직무와 기술은 조직의 목표에 대한 상대적 공헌도를 통해 평가된다. 따라서 내적 일관성은 동일한 과업을 수행하는 종업원들 사이의 임금률(pay rate)뿐만 아니라 서로 다른 업무를 수행하는 종업원들 사이의 임금률도 포함한다.

내적 일관성은 세 가지 보상목표에 모두 영향을 미친다. 조직 내 보상관계는 종업원의 이직을 막고, 훈련이나 책임감을 증대시키도록 동기부여함으로써 조직 전체의 효율성을 간접적으로 향상시킬 수 있다. 그리고 조직 내 구성원들 간의 임금 비교를 통해 공정성에 영향을 미치며, 인종이나 성별, 나이에 따른 임금의 차이를 비교함으로써 합법성을 판단할 수 있다.

(2) 외적 경쟁력(external competitiveness)

외적 경쟁력은 조직 외부와의 보상관계, 즉 경쟁자들과의 비교를 의미한다. 이때 중요한 것은 보상목표를 달성하기 위해서 얼마나 많은 금액을(pay level), 어떠한 형태와 구성으로(pay mix) 제시하느냐 하는 것이다.

외적 경쟁력과 관련된 의사결정은 두 가지 특징을 가지는데, 우선 ① 종업원을 유인하고 유지시키는 데 임금이 충분하다는 것을 보증해야 하며, 동시에 ② 노동원가를 통제함으로써 조직의 재화나 서비스가 가격 경쟁력을 유지할 수 있도록 해야만 한다. 그렇게 함으로써 외적 경쟁력은 효율성과 공정성에 직접적으로 영향을 미친다. 그리고 이러한 영향력은 관계 법령을 준수하면서 이루어져야 한다.

(3) 종업원 공헌(employee contribution)

종업원 기여에 대한 정책은 동일한 직무를 수행하거나 동일한 기능을 보유한 사람들의 성과 또는 연공서열에 대한 상대적 강조, 즉 종업원 간의 비교를 말하는 것이다. 성과를 강조하는 정도는 매우 중요한 정책적 의사결정인데, 그 이유는 성과를 강조하는 정도에 따라 보상형태가 달라지며 종업원의 태도와 작업행위에 직접적인 영향을 미치기 때문이다. 그러므로 기여/성과를 판단할 때는 그 기준을 종업원들이 이해할 수 있도록 명확히 하여 공정성을 기해야 한다.

(4) 제도집행(administration)

보상 시스템의 관리에 관한 정책 역시 중요한 전략적 보상정책 중의 하나이다. 내적 일관성, 외적 경쟁력, 종업원 공헌 이 세 가지를 고려한 성과보상 시스템을 설계했다고 해도, 그것이 제대로 관리되고 운영되지 않으면 보상 시스템의 의도한 목표를 달성할 수가 없기 때문이다. 보상이 아무리 잘 설계되어 있더라도 이것의 운영을 위한 방안들이 뒷받침되지 않으면 시스템 자체로는 아무런 의미를 가질 수 없다. 따라서 경영자들은 종업원들과의 커뮤니케이션을 통해 성과보상 시스템이 효과적으로 운영되고 있는지에 대한 판단을 내려야 하며, 커뮤니케이션의 결과에 따라 시스템을 수정하고 보완해야 한다. 이러한 정책은 보상 시스템이 효율성 목표를 달성할 수 있도록 할 뿐만 아니라, 종업원들에게 공정한 대우를 받는다는 인식을 심어 줌으로써 공정성 목표 역시 달성할 수 있다.

3) 보상기법(pay technique)

보상기법은 앞서 언급한 네 가지 기본정책들을 보상목표와 연결시키는 역할을 수행한다.

내적 일관성을 구현하기 위한 기법들은 일반적으로 과업과 그 일에 맞는 인재상을 분석하는 것으로부터 시작한다. 인재와 과업에 대한 정보가 수집 · 조직되고 평가되면, 이러한 평가를 바탕으로 직무가 설계된다. 이를 과업구조(work structure)라 하며, 이렇게 구성된 구조는 조직 내부의 과업과 기능 혹은 역량 간의 관계를 설명해 주며, 조직의 목표를 달성하는 데에 도움을 준다.

외적 경쟁력에 대한 고려는 유사한 업무에 대한 경쟁자들의 보상수준 및 보상형태와 비교하여 조직의 임금수준을 설정함으로써 수립된다. 총보상은 고용주들이 경쟁하는 노동시장을 정의하고, 다른 고용주들이 얼마나 어떻게 보상하는지를 조사하며, 그렇게 하여 얻어진 정보를 조직의 임금구조(pay structure)를 설계하는 데에 활용함으로써 결정된다. 이렇게 구성된 임금구조는 조직이 효율적으로 역량 있는 노동력을 유인 · 유지시키며 노동원가를 통제할 수 있도록 해 준다.

종업원 기여를 상대적으로 강조하는 정책은 성과나 연공의 평가, 인센티브 계획, 스톡옵션 등을 통해 구성되는데, 이런 관행들은 비용관리뿐만이 아니라 종업원의 태도와 작업행위, 특히 조직에 참여하고 머무르며 효과적으로 업무를 수행하는 의사결정에 영향을 주려는 의도로 만들어진다.

제 V 장

한국기업 성과급제도의 효과와 변천

이 장에서는 제Ⅲ장에서 활용되었던 노동부의 "연봉제 · 성과배분제 도입 실태 조사결과(2004)"와 같은 조사의 2002년 결과를 비교하면서, 한국기업에서 연봉제와 성과배분제와 같은 개인별 · 집단별 성과급제도의 효과에 대해 살펴보도록 하겠다.

1 연봉제의 효과와 변천

노동부의 조사결과(2002, 2004)에 따르면, 두 번의 조사에서 공히, 연봉제의 긍정적 효과로서 '임금관리 용이'와 '직원의 태도변화'를 높이 평가한 반면, 인건비 절감 효과는 거의 없는 것으로 나타났다(〈표 V-1〉).

2004년 조사 결과, 연봉제 실시에 따른 문제점 가운데 '평가에 대한 불신'이 56.3%로 가장 높았고 2002년 조사 결과에서도 45.0%로 가장 높게 나타

〈표 V-1〉 연봉제의 시행 효과 (단위: %)

효과	연도	매우 작다	작다	보통	크다	매우 크다
생산성 향상	2002	1.6	3.8	52.6	32.6	1.6
	2004	2.3	4.3	61.9	30.4	1.1
직원태도 변화	2002	1.2	5.1	39.3	43.8	3.5
	2004	1.7	4.5	49.4	41.2	3.1
임금관리의 효율성	2002	3.3	5.8	37.5	41.0	6.1
	2004	2.7	6.1	38.9	46.5	5.7
인건비 절감	2002	7.9	17.4	59.6	7.4	0.4
	2004	9.0	19.8	62.9	7.9	0.3

〈표 V-2〉 연봉제 실시의 문제점 (단위: %)

문제점	연도	비율
직원 간 과도한 경쟁	2002	6.1
	2004	5.0
단기실적에 치중	2002	19.7
	2004	21.3
평가에 대한 불신	2002	45.0
	2004	56.3
고용불안 확산	2002	10.7
	2004	9.5

났다. 또한 '평가에 대한 불신'은 비율의 상승폭이 가장 컸는데, 이는 연봉제 실시에 있어 가장 중요한 선행 요인인 평가제도의 개선이 원활히 이루어지지 않았음을 의미하며, 따라서 한국기업의 연봉제 실시에 있어 평가제도의 개선이 시급한 문제임을 알 수 있다.

2004년 조사결과에서 연봉제를 실시하면서 가장 큰 애로점은 인사고과제도(39.2%)로 나타났다. 이 점은 2002년 조사결과에서도 마찬가지였는데, 이

〈표 Ⅴ-3〉 연봉제 실시의 애로점 (단위: %)

애로점	연도	비율
법정수당 지급 관련	2002	11.2
	2004	12.4
연봉제 임금구성방법	2002	16.4
	2004	17.7
목표관리제도	2002	26.1
	2004	27.6
인사고과제도	2002	38.4
	2004	39.2

는 평가의 공정성과 객관성을 보장하는 것이 여전히 매우 어려우며, 평가를 둘러싼 종업원들의 불만을 해소하는 일이 연봉제의 원활한 운영을 위해 우선적으로 해결되어야 할 문제점임을 시사한다.

연봉제 시행의 향후계획과 관련해서는, 적용대상 확대 여부에 대해서 현행유지가 66.6%로 가장 높았고, 확대할 계획은 30.4%, 그리고 축소할 계획은 1.0%, 기타 2.0%였다.

2 성과배분제의 효과와 변천

2004년의 노동부 조사결과에 따르면, 성과배분제 실시의 효과로는 생산성 향상(60.1%)을 가장 높게 평가한 반면, 인건비 절감 효과는 크지 않은(5.8%) 것으로 나타났다. 이러한 조사결과는 2002년 조사와 크게 다르지 않았다(〈표 Ⅴ-4〉).

2004년 조사 결과, 성과배분제 실시의 애로점으로 50.2%가 성과배분의 기준 마련을 꼽았고, 성과상여금의 고정급화 우려도 29.5%로 나타났다. 이 결

〈표 V-4〉 성과배분제의 시행 효과 (단위: %)

효과	연도	매우 작다	작다	보통	크다	매우 크다
생산성 향상	2002	1.1	1.9	26.2	51.1	8.4
	2004	0.9	2.9	30.1	57.9	8.2
경영위기 극복	2002	1.7	6.3	43.3	32.5	2.8
	2004	2.3	8.3	52.2	34.1	3.0
협력적 노사관계 형성	2002	1.6	5.0	34.7	40.3	5.6
	2004	1.6	7.3	39.7	43.8	7.5
인건비 절감	2002	7.8	25.5	44.1	8.4	0.4
	2004	11.3	32.8	47.7	7.4	0.8

〈표 V-5〉 성과배분제 실시의 애로점 (단위: %)

애로점	연도	비율
성과배분기준 마련	2002	49.9
	2004	50.2
근로자 간 위화감 조성	2002	11.5
	2004	11.5
근로자 · 노조의 비협조	2002	3.2
	2004	2.5
관리비용과다	2002	1.7
	2004	3.5
성과상여금의 고정급화 우려	2002	23.3
	2004	29.5

과 역시 2002년의 조사결과와 크게 다르지 않았으며, 이는 성과배분제의 올바른 정착을 위한 노력이 끊임없이 지속되어야 함을 의미한다(〈표 V-5〉).

향후 적용대상 확대 여부에 대해서는 현재대로 유지가 67.9%로 가장 많았고, 확대계획은 26.9%, 축소계획은 1.2%로 나타났다.

3 스톡옵션제도의 효과와 변천

미국의 경우 스톡옵션의 역사가 상대적으로 길기 때문에 스톡옵션의 효과에 대한 연구가 비교적 많이 나와 있다. 스톡옵션제도에 대한 근본적인 관심사는 "경영자에 부여된 스톡옵션이 과연 본래의 인센티브 기능을 제대로 수행하여 주주-경영자 간의 대리인문제를 완화하고 기업의 장기적 성과에 긍정적인 영향을 미치는가"의 문제이다(설원식 · 김수정, 2003). 선행연구들을 살펴보면, 대리인문제를 감소시켜 기업의 시장가치를 높일 수 있다는 주장(e.g., Beck & Zorn, 1982), 아니면 경영자의 위험전가(risk-shifting) 현상을 부추기게 되어 오히려 대리인문제를 증가시킨다는 주장(e.g., Agrawal & Mandelker, 1987) 등으로 인해 일단 대리인문제에 관해 일관된 결론을 내리지 못하고 있다. 또한 기업의 장기 성과에 대해서도 성과에 긍정적인 영향을 미쳤다는 연구결과와 장기 성과에 영향을 미치지 못한다는 주장, 오히려 기업성과가 나빴다는 주장까지 다양한 연구결과가 도출되고 있어서 스톡옵션이 기업성과에 미치는 영향에 대한 일관된 결론을 내리기는 곤란한 상황이다.

우리나라의 경우에는 스톡옵션 도입의 역사가 매우 짧기 때문에, 스톡옵션의 성과에 대한 연구는 매우 부족한 실정이다. 이런 가운데 한국기업을 대상으로 수행된 몇 안 되는 연구들에서도 상이한 결과를 도출하고 있어, 스톡옵션의 효과에 대한 결론을 내리기에는 시기상조라 할 수 있다. 따라서 스톡옵션에 대한 연구가 더 많이 축적되어야 할 필요가 있다.

한국기업을 대상으로 한 몇몇 연구결과를 살펴보면, 원재환(2001)의 연구에서는 스톡옵션 공시 이후 은행의 주가변동성은 유의적으로 증가했으나, 일반기업의 경우는 오히려 감소하였다. 김희석 · 김동철(2002)의 연구에서도 스톡옵션 공시 이후 거래소와 코스닥 기업들의 주가변동성이 유의적으로 감소하였다. 기업의 장기 성과와 관련된 설원식 · 김수정(2003)의 연구에서는 스톡옵션이 행사기간에 도달했을 때, 주가가 행사가격 이상인 기업들은 벤치마크에 비해 유의적으로 높은 성과를 올린 반면, 주가가 행사가격보다 낮은 기업들은 벤치마크보다 낮은 성과를 올렸음이 발견되었다. 따라서 스톡옵션을 부여한 기업의 장기 성과는 벤치마크 수익률에 비해 유의적인 차이가 없었으며, 이는 스톡옵션 부여가 기업의 장기적인 성과에 긍정적인 영향을 미친다고는 할 수 없음을 의미한다.

제 VI 장

미국기업 성과급제도의 변천

이 장에서는 미국기업들 사이에서 활용되고 있는 다양한 성과급제도의 종류와 특징, 그리고 그 시행 현황에 대해 살펴보도록 하겠다. 미국기업들에서 사용되고 있는 성과급제도는 크게 개인성과급제도와 집단성과급제도로 나누어 볼 수 있는데, 〈표 Ⅵ-1〉에 각각의 성과급제도의 시행 현황을 제시했다.

미국기업에서 성과급제도에 대한 관심이 증가하게 된 것은, 세계화가 가속화되면서 해외기업체들과의 경쟁이 보다 치열해지고, 이에 따라 비용절감과 생산성 향상의 필요성이 더욱 강조되었기 때문이다. 그뿐만 아니라 경영환경의 급속한 변화 때문에 직무와 직무수행방법 역시 환경의 변화에 맞게 수정되어야 함을 기업들이 인식했기 때문이다. 보상 전문가들은 새로운 과업에 빨리 적응하도록 하고, 직무수행과 관련한 책임의 명확화와 대폭적인 권한 위양을 통해 종업원에게 동기부여를 할 수 있는 보상 시스템 설계의 필요성을 강조해 왔으며, 종업원의 이해와 기업의 목표를 일치시킬 수 있는 성과급제도는 이에 대한 대안으로 널리 활용되어 왔다.

여기서는 미국기업에서 사용되고 있는 성과급제도의 다양한 형태에 대해

〈표 Ⅵ-1〉 미국기업의 성과급제도 시행 현황 (단위: %)

형태	시행비율			
	1996	1997	1998	1999
Special Recognition Plans	44	43	51	59
Stock Option Plans	21	25	46	43
Individual Incentive Plans	17	23	35	39
Cash Profit Sharing	22	20	22	23
Gainsharing Plans	16	18	20	18
Team Awards	13	13	17	15

자료: IOMA(2002); Milkovich & Newman(2002: 309)에서 재인용.

살펴보기로 한다. 미국기업에서 널리 사용되는 제도로는 업적급(merit pay), 개인인센티브제도, 이익분배제(profit sharing), 진단성과배분제(gainsharing), 주식에 의한 보상 등을 들 수 있다. 이러한 제도들은 각각 분리되어 시행되는 경우도 있지만 대개의 경우 혼합되어 사용된다. 혼합하여 시행할 경우 각 제도가 갖는 약점을 보완할 수 있기 때문이다. 각각의 제도들은 그것이 결과중심 보상인가 행동중심 보상인가에 따라, 그리고 개인중심 보상인가 집단중심 보상인가에 따라 네 가지 차원으로 구분이 가능하다(Gerhart & Rynes, 2003).

〈표 Ⅵ-2〉에서 알 수 있는 바와 같이, 이를테면 업적급의 경우 행위중심 측정방식(e.g., 상관에 의한 평가)으로 성과를 측정하고, 개인의 성과에 초점을 맞춘다. 반면 이익분배제의 경우에는 기업수준에서 총체적으로, 결과 중심으로 성과를 측정한다.

물론 〈표 Ⅵ-2〉에서 사용된 분류기준 말고도 다른 다양한 기준들을 이용한 분류 역시 가능하다. 예를 들어, 어떤 성과급제도에서는 급여에서의 변화가 기본급의 한 부분으로 영원히 고정되어 기본급의 인상이 계속적으로 누적되지만(e.g., 업적급), 반면에 어떤 성과급제도에서는 기본급의 인상이 계속 누적되는 것이 아니라 초기의 기본급 증가 액수가 매년 다시 결정되는 구조를 갖는다(e.g., 보너스). 또 다른 구분기준으로는 급여수준이 절대적인 성

〈표 Ⅵ-2〉 성과측정방식에 따른 성과급 프로그램의 분류

성과측정수준	성과측정형태	
	결과	행위
Individual	Individual incentives Sales commissions	Merit pay Merit Bonuses Skill-based/Competency-based
Collective	Group incentives Gainsharing Business unit plans Profit sharing Stock plans Merit pay for groups	

자료: Gerhart & Rynes(2003).

과달성수준에 의해 결정될 것인가 또는 상대적인 성과달성수준에 의해 결정될 것인가 하는 것이다. 이러한 구분기분은 개인수준의 목표달성에 초점을 맞출 것인가 또는 집단수준의 목표달성에 초점을 맞출 것인가의 정도에 있어 중요한 함의를 지니는데, 이는 상대평가에 의한 성과 측정은 협력보다는 경쟁을 유발하는 경우가 많기 때문이다(Gerhart & Rynes, 2003).

1 업적급의 시행 현황과 효과

업적급(merit pay) 시스템은 종업원들이 받은 근무 평정에 따라 기본급의 증가가 이루어지는 것으로, 개인성과급제도 중에서 가장 널리 쓰이는 방법 중의 하나이다. 연말에 모든 종업원들은 직속 상사에 의해서 1~5등급으로 평가를 받으며, 이러한 평가결과에 따라 다음 해에 받을 기본급의 증가율이 결정된다. 언제나 올해의 기본급을 기준으로 다음해의 기본급의 상승폭을

결정하게 되므로, 종업원들은 보상은 매년 상승하게 된다. 다만 고과 결과에 따라 기본급의 상승 비율만이 달라질 뿐이다. 업적급 시스템에 의하면 숫자화되지 못한다는 이유로 '성과'로 인정되지 못하는 요소들 역시 평가대상이 될 수 있으므로, 경영자들에게 질적인 요소들에 대한 판단을 보상에 반영할 수 있는 기회를 제공한다는 점에서 매우 중요하다.

그러나 업적급 시스템이 갖고 있는 약점들 역시 간과할 수 없는데, 가장 흔히 지적되는 업적급의 단점은 종업원들이 성과와 기본급의 증가(merit increase) 사이의 연계를 강하게 인식하지 못한다는 것이다(Gerhart & Rynes, 2003). 기대이론에 입각해 볼 때, 도구성(instrumentality)에 대해 동조하지 못할 경우 종업원의 동기부여 효과는 감소되므로, 업적급의 이러한 한계는 매우 중요하게 인식되어야 한다. 이러한 문제가 발생하는 원인은, 경영자들이 낮은 고과를 부여하는 데에 따른 결과[e.g., 종업원의 동기저하(de-motivating)로 인한 생산성 하락]를 두려워하여 차별화된 평가를 꺼려하고, 이에 따라 높은 평가수준에 평가결과가 집중되는 데 있다. 그뿐만 아니라 업적급 방식에서는 상사의 주관성, 개인적 편견 및 다양한 의도적 · 비의도적 측정오류가 개입되지 않고 개인의 성과를 정확히 측정하는 것이 어렵다. 그리고 상호 의존적인 직무를 수행하는 개인들 사이에 명확한 성과 구별을 하는 것 역시 쉽지 않은 일이다.

이러한 측정상의 문제 이외에도 성과평가 시의 피드백과 수용가능성의 문제 역시 존재한다. 업적급 시스템이 제대로 작동되기 위해서는 측정된 성과에 대해 차등 지급되는 보상이 공정하게 이루어졌다는 것에 종업원들이 동의할 수 있어야 한다. 즉, 성과평가가 정확히 이루어졌다는 사실 자체가 중요한 것이 아니라, 종업원들이 그 성과평가가 정확히 이루어졌다고 인식하는 것이 중요하다. 종업원들은 일반적으로 성과평가에 동의하지 않으며, 그 평가결과가 정확하다고도 믿지 않는 편이다. 쉽게 알 수 있고 객관적인 기준을 사용함으로써 이러한 문제를 어느 정도 줄일 수 있지만 완전히 제거하는 것은 힘들다. 이를 최소화하기 위해서는 종업원들을 평가 과정에 참여시키고, 평가자의 평가 피드백 기술을 증진시키는 등의 노력이 필요하다.

그 밖에도 업적급에서 주어지는 보상의 매력도가 종업원들의 근로의욕을 자극할 만큼 크지 않다는 문제점이 있다. 평균적으로 종업원들의 기본급 인상률이 3~4% 차이가 나는데, 이러한 미세한 차이는 종업원들을 동기부여하기에는 역부족이라 할 수 있다. 성과와 보상 간의 긴 시차도 문제가 된다. 대부분의 기업들은 종업원들이 성과를 낸 시점에 바로 업적을 평가하고 조정하는 것이 아니라 연 단위로 조정을 하는데, 이는 성과와 보상 간의 강한 상관관계가 있다는 인식을 흐리게 함으로써 보상의 효율성을 떨어뜨린다.

업적급을 통해 몇몇 의도하지 못한 결과도 유발될 수 있다. 우선 업적급이 시행되면 종업원들이 직접적으로 단기적 성과에 관련된 일에만 집중하고 기업의 다른 중요한 업무에는 별다른 관심을 쏟지 않는 결과가 초래될 수도 있다. 그뿐만 아니라 업적급을 통해 단기적으로 개인의 성과를 높일 수 있을지 모르지만, 그에 대한 대가로 업무에 대한 막중한 부담과 스트레스로 인해 개인의 만족감은 크게 감소할 수 있다. 또한 성과와 관련된 일에 너무 집착하게 됨으로써 개인의 내적 동기가 희생될 가능성이 높다. 이는 장기적으로 보면 오히려 기업에 손해이다.

이러한 업적급의 한계점에도 불구하고, 실증 연구의 결과들은 대체로 업적급의 효과성에 대해 긍정적인 평가를 내리고 있다(Gerhart & Rynes, 2003).

성과평가와 보상수준에 대한 Heneman(1990)의 연구에 의하면, 많은 경우에 있어(30가지 경우 중 28개) 이 두 변수들 사이에 통계적으로 유의한 관계가 발견되었다. 또한 성과와 보상 사이의 실질적인 연계가 높을수록, 종업원의 직무만족과 동기부여 역시 높아진다는 연구결과(e.g., Kopelman, 1976)도 나와 있다. 이러한 정(+)의 관계는 가장 높은 성과를 보여 주는 종업원들 사이에서 특히 강하게 나타났다(Greene & Podsakoff, 1978).

업적급과 성과의 관계가 항상 통계적으로 유의미한 것은 아니지만 대체로 긍정적인 결과가 보고되고 있다 Heneman(1992)은 업적급과 성과 간의 관계에 대한 연구들을 종합적으로 살펴보기 위해 10개의 연구를 검토하였다. 이 중 5개의 연구에서 통계적으로 유의미한 정(+)의 관계가 도출되었고, 나머지 연구들에서는 정(+)도 부(−)도 아닌 통계적으로 유의하지 않은 결과가 도출되었다. 그러나 Heneman의 이러한 결론은 작은 표본크기, 포본오차 등과 같은 문제들로 인해 제한적인 결론이 될 수밖에 없다. 또한 그가 살펴본 거의 모든 연구에서 대조군을 설정하지 않았고 종단 자료를 활용하지 않았으며, 성과에 대한 객관적인 측정이 이루어지지 않았다는 한계가 있다.

2 개인인센티브제도의 시행 현황과 효과

개인인센티브제도(incentive pay)는 사전에 목표로 하는 성과수준을 정하고 이를 달성했을 때 얻을 수 있는 보상의 수준을 제시해 놓는 형태이다. 이는 개인별 보상의 한 형태이며, 종업원의 성과에 영향을 미칠 수 있다는 점에서 업적급과 유사점을 갖지만, 목표로 하는 행위에 대한 보상이 사전에 종업원들에게 명확히 알려진다는 점에서 차이점이 있다. 〈표 Ⅵ-3〉에 업적급과 개인인센티브제도의 차이점들이 정리되어 있다.

개인인센티브제도는 사전에 정해진 평가기준에 따라 지급되는 인센티브의 보상액이 결정된다. 다음의 〈표 Ⅵ-4〉에 보상액이 결정되는 기준 그리고 생산수준과 보상과의 관계에 따라 구분한 개인인센티브제도의 유형을 제시하였다.

〈표 Ⅵ-4〉에 제시된 개인인센티브제도의 유형을 살펴보면 다음과 같다.

(1) 단순성과급(straight piecework plan)은 가장 널리 쓰이는 개인인센티브제도이며, 임금률은 기준시간의 생산단위에 기초해서 결정된다. 개별 종업원은 생산단위당 급여를 지급받으며, 기준을 초과한 근로자는 평균임금보다 더 많은 급여를 받게 된다.

(2) 표준시간급(standard-hour plan)은 단위시간당 임금률에 표준시간을 곱하여 보상액을 산출하는 제도이다. 이 방식에 의하면, 과업이 지정된 시간보다 일찍 끝나는 경우라도 여전히 과업에 할당된 평균시간에 근거하여 보

〈표 Ⅵ-3〉 업적급과 개인인센티브제도

구분	업적급	개인인센티브제도
산정기준	과거 성과에 대한 평가	미래 성과에 대한 평가
활용목표	미래 성과에 대한 유인	성과배분을 통한 협력으로 성과향상 유인
성공조건	성과측정 · 보상연계의 제도화 수준	비용, 판매규모, 이윤의 측정과 보상연계 제도화 수준
적용실태	사기업의 80% 이상, 1984년부터 공기업에도 적용 시작	상급관리자에 주로 적용, 블루칼라의 경우 양보교섭의 일환, 장기근속 유도 목적으로 활용
적용성과	최근 30년 동안의 연구결과 42건 중 40건에서 성과 향상에 기여한 것으로 평가	최고경영층의 보상수단으로 혹은 블루칼라에 대한 부가급부(fringe benefit)의 일부로 활용성과가 제한적임

자료: 박준성(1999).

〈표 Ⅵ-4〉 개인인센티브제도의 유형

구분		보상액 결정기준	
		시간당 생산단위	생산단위당 소요시간
생산수준과 보상의 관계	생산수준에 따라 보상액이 고정된 경우	(1) 단위성과급제	(2) 표준시간급
생산수준과 보상의 관계	생산수준에 따라 보상액이 가변적인 경우	(3-1) 테일러식 복률성과급 (3-2) 메릭식 복률성과급	(4-1) 할시식 (4-2) 로완식 (4-3) 간트식

자료: Milkovich & Newman(2002).

상을 받게 된다.

(3-1) 테일러식 복률성과급(Taylor's differential piece rate system)에 따르면, 근로자의 생산수준에 따라 서로 다른 두 종류의 성과급 비율을 적용한다. 작업자가 주어진 생산기준을 초과하면 인센티브의 수준이 높고, 기준

보다 낮으면 일반 임금보다 낮은 임금률이 적용된다.

(3-2) 메릭식 복률성과급(Merrick multiple piece rate system)에서는 세 가지의 임금률을 가지고 급여액을 결정하게 되는데, 기준을 100% 초과했을 때에는 높은 임금률, 기준의 83~100%의 생산수준을 보일 때에는 중간 정도의 임금률, 기준의 83% 이하의 생산을 나타낼 때에는 낮은 임금률을 적용한다.

(4-1) 할시식(Halsey 50:50 method)이란 종업원이 기준시간보다 더 짧은 시간에 과업을 완수했을 경우, 그 절약분을 회사와 종업원이 50:50으로 나누는 방식을 말한다.

(4-2) 로완식(Rowan plan)은 절약분을 나누는 것은 할시식과 유사하나, 과업을 완성하는 시간이 줄어들수록 근로자의 급여액이 증가한다.

(4-3) 간트식(Gantt plan)은 할시식이나 로완식과는 달리 과업달성을 위한 기준시간이 고의적으로 많은 노력을 요구하는 수준으로 설정되어 있다. 기준시간 내에 완성하지 못하면 사전에 정해진 급여를 받지만, 기준시간보다 짧게 완성하면 절약된 시간의 120%를 받는다. 그러므로 근로자의 수익은 기준시간 충족 또는 초과 시에는 생산량보다 더 빠르게 증가하게 된다.

개인인센티브제도에 대한 연구들은 이 제도가 생산성 향상에 실질적으로 기여할 수 있다고 주장한다. 성과에 대한 기준으로 보상하기 때문에 긍정적인 업무성과를 반복적으로 유도할 수 있기 때문이다. Lincoln Electric, Whirlpool, Springfield Remanufacturing, 그리고 Oregon Steel Mills와 같은 사례는 이러한 주장에 대한 적절한 예가 될 수 있다. 또한 개인인센티브의 활용도가 강할수록 이직을 통해 성과가 좋지 못한 종업원들을 가려내는 효과도 기대할 수 있다(Harrison, Virick, & William, 1996).

그러나 성과수준을 높이려는 종업원들 사이의 과다한 경쟁으로 구성원들 간의 협동심이 저하되고, 제품의 품질이 떨어질 우려도 있다. 또한 측정 가능한 업무성과에 대해서만 인센티브가 부여되므로, 측정이 용이하지 못한 질적인 부분에 대한 중요성이 감소되는 부작용이 있다. 이러한 부작용 없이 개인인센티브제도가 효과를 발휘할 확률은 1/3에 불과하다는 연구결과도 나와 있다(Whyte, 1955).

3 이익분배제의 시행 현황과 효과

이익분배제(profit sharing)는 기업수익의 목표치를 달성했을 때, 기업수익의 일정 비율을 보너스의 형태로 종업원들에게 분배하는 제도이다. 따라서 이익분배제는 집단의 총체적 성과에 따라 그 보상의 크기가 결정되는 결과 중심의 급여제도이며, 실제 수익을 기준으로 분배되기 때문에 연도별 혹은 분기별 손익 계상이 이루어지고 난 후에 보상이 지급된다. 이익분배제는 (퇴직연금과 같은 것으로) 이연될 수도 있고 현금으로 지급될 수도 있다. 보상액은 공식(순수입의 몇 %)에 의해 정해질 수도 있고, 임의로 정해지기도 한다(Gerhart & Rynes, 2003).

Weitzman & Kruse(1990)는 이익분배제에 관한 태도 연구에서 고용주들은 이익분배제가 생산성과 기업성과에 긍정적인 영향을 미친다고 믿고 있음을 밝혀냈다. 종업원들의 경우에도 역시 일반적으로 이익분배제에 관해 긍정적인 태도를 보이긴 하나, 수입의 편차에 기인한 위험을 기피하는 경향 때문에 긍정적 태도가 강하게 나타나지는 않는다고 했다. U.S. Bureau of Nations Affairs의 1998년 조사에 따르면 대부분의 종업원들은 고정급여(63%)를 가장 선호하고, 다음으로 개인인센티브(22%), 그 다음으로 회사 차원의 인센티브(12%)를 선호하는 것으로 나타났다. 이러한 연구결과는, 대리인이론에서 말하는 바와 같이, 종업원들은 그들의 보상에 있어 위험회피적임을 의미하는 것이며, 만약 위험을 부담한다 하더라도 기업성과보다는 개인성과에 기초하여 보상수준이 결정되기를 바라고 있다는 사실을 알려준다.

이익분배제와 생산성의 관계에 대한 연구들은 크게 경영자들을 대상으로 한 것과 종업원들을 대상으로 한 것으로 나누어 볼 수 있다. 경영자들을 대상으로 한 연구에서, Metzger(1975)는 이익분배제가 종업원의 사기와 협력의 증대를 가져오고, 비용절감에도 효과적이라는 사실을 발견했다. 이익분배제를 도입하고 있는 다양한 기업체들의 경영자를 대상으로 한 조사(뉴욕증권거래소, 1982)에서도 응답자의 대부분이 이익분배제가 기업의 생산성을 향상시킨다고 응답하였다. 미국 생산성협회 산하 1,598개 회원사들의 경영자를 대상으로 한 조사에서 응답자의 70% 이상이 이익분배제가 경영성과와 품질개선에 긍정적인 효과를 미치는 것으로 응답했으며, 생산성 향상과 이직률 감소에도 긍정적이라고 보는 경영자가 반 이상이었다(박우성, 1998).

종업원들을 대상으로 한 이익분배제와 생산성에 관한 대표적인 연구로는 Kruse(1993)의 연구를 들 수 있다. Kruse는 275개 회사의 약 600만 명의 종업원들을 대상으로 연구를 진행했다. 이익분배제를 시행하고 있는 회사의 경우 평균 79%의 종업원들이 적용대상이었다. Kruse는 이익분배제를 활용하고 있는 기업들의 생산성 성장이 그렇지 않은 기업에 비해 3.5%에서 5.0% 정도 더 높음을 밝혀냈다. 그러나 이러한 결과를 도출하기에 앞서 고려해야 할 몇 가지 상황요인들이 있다.

첫째, 이연되는 이익분배제를 운영하는 경우(이익분배제를 활용하는 기업들 중 51%)와 현금 이익분배제를 운영하는 경우(38%; 두 가지 경우를 제외한 나머지 기업들은 두 가지 계획을 조합해서 이익분배제를 시행하는 경우, 또는 분류가 곤란한 경우에 해당된다)를 구별하는 것이 필요하다. 현금 이익분배제가 이연되는 이익분배제보다 실질적으로 더 높은 생산성 성장을 나타내었기 때문이다. 둘째, 기업의 규모도 중요한 상황요인의 하나이다. 775명 이하의 종업원을 가진 기업의 경우 연간 생산성 성장이 11%에서 17%였으며, 이러한 수치는 775명 이상의 종업원을 보유하고 있는 기업의 경우(이들 기업의 경우 0~6.9%에 불과)를 훨씬 웃도는 수치이다. 이러한 결과는 인센티브제도의 동기부여 효과는 종업원의 수가 증가함에 따라 오히려 감소한다는 논리(Kaufman, 1992)와 일치한다. 세 번째의 상황요인은 특정한 공식을 통해 이익분배제의 양이 결정되는 경우와 임의로 그 양이 결정되는 경우인데, 이때에는 임의로 이익분배제에 의한 보상액이 결정되는 경우 이익분배제가 생산성 향상에 더욱더 기여하는 것으로 나타났다. 임의적으로 보상액이 결정되는 방식이 효과를 거두려면 보다 높은 신뢰와 우호적인 종업원 관계를 필요로 하기 때문이다.

Kruse(1993)는 이익분배제와 다른 여러 요소들(종업원과의 정보 공유, 종업원 태도 조사의 활용, 직무 충실, 자율작업팀의 활용, 고용안정, 제안제도)과 사이의 상관관계 역시 살펴보았다. 정보 공유의 경우 이익분배제와 약한 상관관계를 보여 주었고, 이익분배제와 다른 인적자원 변수들과는 상관관계가 거의 존재하지 않았다. 이러한 연구결과는 인적자원관리 관행이 중요하지 않다는 의미가 아니라, 그러한 관행들은 가법적인 효과(additive effect)를 가진다는 것을 의미한다. 즉, 그러한 관행의 활용도가 낮다고 해서 이익분배제의 효과가 제한되는 것은 아니며, 그러한 관행의 존재로 인해 이익분배제의 효과가 확대되는 것도 아니다. 실제로 많은 조직에서 인적자원관리 관행들은 이익분배제 또는 다른 형태의 집단 기반 보상제도와 연계되어 사용된다.

Kruse(1993)는 이익분배제 연구와 관련된 방법론상의 문제 역시 지적하였다. 가장 대표적인 문제는 선택오류(selection bias)와 관련된 것으로, 연구대상으로 이익분배제의 성공적인 사례만을 삼기 때문에 연구결과의 일반성이 보장되지 못한다는 것이다(성공적이지 못한 이익분배제의 경우, 지속적으로 실시되지 못하고 폐기되기가 쉽다). 방법론과 관련된 두 번째 문제는 역인과관계(reverse causality)의 가능성이다. 원래부터 생산성과 이익률이 높은 기업들이 이익분배제를 채택할 확률이 높기 때문이다. 셋째로, 이익분배제가 다른 효과적인 경영관행들과 혼합되어 사용될 확률이 높다는 점이다. 만약 이러한 긍정적 효과를 가지는 관행들이 연구모델에 포함되지 않게 되면, 이익분배제의 효과가 극대화되어 해석될 여지가 있다. 네 번째 문제점은 전형적인 생산성 지표인 부가가치의 측정과 관련된 문제이다. 이러한 지표들은 제품의 가격(또는 가치)이 요소 투입(노동, 자본)의 비용을 얼마나 초과하는지로 측정된다. 그러나 제품의 가격은 생산성 말고도 시장의 경쟁, 산업의 추이, 마케팅과 같은 요인들에 의해서도 영향을 받을 수 있다. 따라서 종업원들에게 배분되는 이익(profit sharing)과 부가가치 사이의 관계를 찾아낸다고 해서 이것이 반드시 이익분배제가 생산성을 더 향상시킴을 의미한다고 볼 수는 없다.

4 집단성과배분제의 시행 현황과 효과

집단성과배분제(gainsharing)는 조직 단위(일반적으로, 사업 단위) 성과급 제도의 한 유형으로서, 종업원들이 생산원가의 절감, 품질 및 서비스의 개선, 생산성 향상과 같은 노력을 통해 조직의 과업성과를 향상시키면, 여기서 발생하는 이익을 개별 종업원들에게 보상으로 지급하는 것을 말한다. 따라서 기대(expectancy)와 도구성(instrumentality)에 관한 인식은 개인인센티브에 비해 상대적으로 줄어들지만, 전체 조직의 성과를 기초로 보상액이 결정되는 여타의 집단인센티브제도(e.g., 이익배분제, 스톡옵션 등)에 비해 그러한 인식은 훨씬 강하다. 집단성과배분제의 또 다른 특징은 이 제도가 생산성뿐만 아니라 동시에 여러 가지의 목표치(e.g., 계획안의 달성, 안전성, 고객만족, 종업원 제안의 횟수와 가치 등)를 설정한다는 것이다. 따라서 집단성과배분제에 의하면 조직마다 고유의 목표치를 설정하여 각기 상황에 맞게 제도를 운영하는 것이 가능해지기 때문에 다른 주요한 목표들(e.g., 작업환경의 질, 제품의 질)을 희생해 가며 생산성만을 높이려는 상황을 방지할 수 있다(Gerhart & Rynes, 2003). 또한 Milkovich & Wigdor(1991)는 집단성과배분제의 장점으로 직무의 복잡성과 상호 의존성, 작업집단 간의 협력의 필요성, 그리고 작업집단성과 규범의 필요성을 동시에 충족시켜 줄 수 있다는 점을 들었다. 그리고 명확한 성과목표의 제시, 성과와 보상 간의 분명한 연계, 그리고 상대적으로 큰 보상의 상승폭 등과 같은 집단성과배분제의 장점은 종업원의 동기부여에도 긍정적 효과를 미친다고 설명했다.

실제로 집단성과배분제의 긍정적 효과를 밝혀낸 연구는 다양하다. Schuster(1984)는 28개 업체를 대상으로 한 5년간의 조사결과, 집단성과배분제 생산성 사이의 정(+)의 관계를 밝혀냈으며, Hatcher & Ross(1991)는 개인인센티브제도에서 집단성과배분제로 제도를 변화시킬 경우 종업원의 불만이 감소하고 제품의 질이 극적으로 상승한다는 사실을 발견했다(1,000개의 제품당 불량품의 개수가 20.93개에서 2.31개로 감소).

Arthur & Jeff(1999)는 1,600명 규모의 자동차 부품 공장 집단성과배분제의 성과에 관한 약 7년(집단성과배분제 시행 2년 전과 시행 후의 5년)간의 월별 자료를 바탕으로 연구를 수행했다. 집단성과배분제를 시행하기 전의 처음 2년과 비교했을 때, 5년 동안의 비용감축액은 약 1,500만 달러인 것으로 나타났다. 또한 집단성과배분제 도입 이후 결근율이 20% 감소했고, 종업원의 불만도 50% 감소한 것으로 나타났다.

Petty, Singleton, & Connell(1992)는 전력회사의 부서들을 대상으로 연구를 진행하였다. 연구자들은 집단성과배분제를 채택하고 있는 부서와 그렇지 않은 부서들의 성과를 비교했다. 집단성과배분제를 채택하고 있는 부서의 경우 12개의 성과측정지표들 중 11개에서 우세한 것으로 나타났고, 비용감축액은 8만 달러에서 200만 달러 사이로 나타났다. 또한 종업원들의 팀워크에 대한 인식 등 집단성과배분제에 영향을 받는 다른 요소들 역시 살펴본 결과, 이러한 요소들이 대체로 긍정적인 방향으로 변화하고 있다는 연구결과를 제시하였다.

Banker, Lee, Potter, & Srinivasan(1996)의 연구에서는 34개의 대형 소매점이 연구대상이 되었는데, 이 가운데 15개의 소매점이 점포 전체 수준의 인센티브제도를 도입하고 있었다. 시계열 분석의 결과, 인센티브제도를 시행하고 있는 소매점들은 그렇지 않은 소매점들에 비해, 판매량은 4.9%, 고객만족도는 3.4%, 이익은 4.4%가량 더 높은 것으로 나타났다. 또한 이 연구에서는 집단성과배분제의 성공 여부에 있어 매개역할을 하는 세 가지 상황변수들〔경쟁 정도, 고객층의 경제적 수준, 감시(monitoring)의 정도〕이 고려되었는데, 경쟁의 정도가 치열할수록, 고객층의 경제적 수준이 높을수록, 감시(감독자와 판매사원의 비율)의 정도가 낮을수록 집단인센티브의 효과가 높은 것으로 나타났다. 그리고 세 가지의 변수들이 1표준편차 상승했을 때(감시의 경우에는 1표준편차 하락했을 때), 판매량은 18.7%, 고객만족은 7.0%, 이익은 16.0% 상승했다. 이 연구결과에서 특히 주목할 것은 감시(monitoring)에 관련된 것인데, 대리인이론에서 예측된 바와 같이 인센티브와 감독(supervision)은 서로에 대한 대체재로서, 두 가지 모두를 강조할 경우 생산성은 오히려 떨어진다는 사실이다.

기대이론과 집단성과에 관한 여러 이론들에서(e.g., 무임승차, 사회적 태만) 말한 바와 같이, 집단의 크기가 커질수록 집단의 성과는 감소한다는 논리는 집단성과배분제에도 적용되었다. 실제로, Kaufman(1992)은 집단성과배분제의 적용을 받는 종업원의 수가 2배가 되면, 생산성의 기대값이 약 50%가량 감소한다는 연구결과를 제시했다. 집단의 규모뿐 아니라 집단성과배분제의 효과성에 영향을 미치는 다른 여러 상황 요인들(e.g., 종업원의 몰입도)에 대해서도 연구자들은 꾸준한 관심을 보여 왔는데, Kim(1999)은 상황요인이 그 자체로서 집단성과배분제가 존속할 것인가를 결정짓는 중요한 요인이라고 했고, Collins, Hatcher, & Ross(1993)는 집단성과배분제를 실시하는 것에 대해 일차적 관심을 표현하는 고용주들 중, 집단성과배분제를 실시하는 것이 가능한 구조적 · 이념적 기반이 이미 어느 정도 갖춰진 회사의 고용주들만이 실제로 집단성과배분제를 채택한다고 했다. 그러나 실증연구결과들은 집단성과배분제와 관련된 상황요인들에 대해 다소 일관되지 못한 결과들을 보여 주고 있다. Schuster(1990)는 집단성과배분제가 종업원의 몰입을 크게 고려하지 않고 금전적 측면에만 주된 초점이 맞추어진 경우에도 효과를 충분히 발휘할 수 있다고 주장했다. 보상만을 강조하고 종업원의 몰입을 강조하지 않았으나 성과에 긍정적인 영향을 미친 몇몇의 임프로쉐어 플랜(improshare plan)을 밝혀낸 Fein(1981)의 연구결과도 Schuster의 이러한 논리와 일치한다.

Cooke(1994)의 연구에서는 상황요인에 대한 논의가 더욱 구체화되었는데, 그는 841개의 Michigan 제조업체들을 대상으로 집단인센티브, 종업원 참여 프로그램(작업팀), 그리고 생산성(종업원당 부가가치) 사이의 관계를 살펴보았다. 종업원참여와 집단인센티브를 결합함으로써 얻어지는 잠재적 성과의 상승이 각각의 제도를 따로 사용했을 때의 잠재적 상승폭을 초과할 것이라는 가설을 세웠다. 가설 검증 결과, 노조가 없는 회사들의 경우, 집단 인센티브를 도입할 경우 18.3%의 생산성 향상이 이루어진 것으로 나타났으나, 작업팀제도의 존재는 성과에 별다른 영향을 미치지 못함이 밝혀졌다. 집단인센티브와 작업팀이 모두 존재할 경우에는 생산성이 20.7% 상승함으로써, 두 제도의 공존으로 인한 시너지 효과를 증명했으나, 이 차이는 집단인센티브만 있을 때의 성과의 상승폭과 그다지 큰 차이를 보이지 않아 집단인센티브는 작업팀제도와 결합되어야만 성공적으로 운영될 수 있다는 결론은 내리기에는 불충분했다. 이러한 연구결과가 도출된 이유로서 Cooke은 팀제와 집단인센티브를 함께 시행할 경우 종업원들 간의 상호 감시(mutual monitoring)의 수준이 과도하게 상승하여 협력보다는 갈등이 일어날 소지가 더욱 커지기 때문이라고 주장했다.

집단성과배분제의 존속 여부 역시 관심의 대상이 되어 온 부분이다. 주목할 만한 점은 집단성과배분제의 긍정적 효과가 보고된 많은 경우에 있어서도 집단성과배분제가 폐기된 경우가 많았다는 사실이다. 앞서 언급한 Petty et al.(1992)의 연구에서 기본적인 문제는 인센티브제도가 도입되지 않아 보상액의 혜택을 받지 못하는 부서에 속해 있는 종업원들은 자신들이 공정하게 대우받고 있지 못하다고 느끼고 있는 경우가 많았다. 동일한 조건으로 집단성과배분제를 도입하고 이르 인해 동일한 수준의 보너스가 주어기를 원하는 종업원들과 보너스 지급에 차등을 두려는 경영진 사이에 합의점을 찾지 못하고 이 제도는 폐지되었다. 보다 구체적으로, Kaufman(1992)은 1981년과 1988년 사이에 임프로쉐어 프로그램을 채택한 104개 기업들 가운데, 23%의 기업들은 Kaufman의 연구가 행해진 1992년 현재 그 프로그램을 더 이상 시행하지 않고 있음을 밝혀냈다. 게다가 앞서 언급한 기간 동안 임프로쉐어 프로그램을 시행했던 것으로 알려진 163개의 기업은 조사에 아예 응답하지 않았다. 이는 더욱더 많은 수의 기업들에게 있어 집단성과배분제가 더 이상 운영되지 못하고 폐지되었을 가능성이 높음을 시사한다.

결국, 이러한 선행 연구들을 통해 알 수 있는 것은, 집단성과배분제 같은 집단인센티브제도가 생산성 향상에 유의미한 영향을 미칠 수 있다는 사실, 그리고 이러한 긍정적인 결과가 유도되기 위해서는 제도의 시행과 관련된 행정적 · 상황적 요인들이 제도 시행의 긍정적 결과 또는 제도의 존속에 중대한 영향을 끼칠 수 있다는 사실이다. 따라서 종업원이 제도 시행과 관련에서 참여할 수 있는 기회를 늘리고, 우수인재의 이탈을 막기 위해 개인인센티브와 집단인센티브를 적절히 혼합할 필요가 있다.

5 스톡옵션의 시행 현황과 효과

미국기업들 사이에서 주식을 이용한 장기 보상방식에 대한 관심이 증가하고 있다. 장기간의 경영성과와 주식시장에서의 성과와 연계하여 보상을 결정하는 이 방식에 따르게 되면, 종업원들이 단기 성과에 집착하지 않게 되어 기업의 장기적인 가치 창출을 통한 성장이 가능하게 된다. 또한 주주와 종업원들 사이에 '주가의 상승'이라는 공동의 이해관계가 생기게 되어 대리인 이론에서 밝히고 있는 종류의 문제점들을 극복할 수 있는 가능성이 높아진다. National Council on Employee Ownership의 웹사이트(NCEO, 2002)에 의하면, 2001년 현재 종업원들은 약 8조 달러의 가치를 갖는 주식을 보유하고 있거나 혹은 스톡옵션의 형태로 보유하고 있으며, 이는 미국 주식시장에서 거래되고 있는 주식의 8%에 해당하는 수치이다. 〈표 Ⅵ-5〉에 주식을 이용한 보상방식들의 현황을 제시하였다.

Stock purchase plan과 company stock through 401K는 대략 비슷한 정도로 전 직급의 종업원들에게 널리 사용되고 있다. 반면에 스톡옵션은 과거에 비해서 그 정도는 덜하지만 임원급들을 대상으로 가장 널리 사용되고

〈표 Ⅵ-5〉 주식을 이용한 종업원 보상방식 현황 (단위: %)

Employee Level	Stock Purchase	Stock Option	Stock Grant	Phantom Stock	Company Stock Through 401K
Nonexempt	51	23	6	1	60
Exempt	54	66	18	6	63
Officers/ Executives	56	92	40	14	62

자료: Parus and Handel(2000); Gerhart & Rynes(2003: 206)에서 재인용.

있음을 알 수 있다. Stock grant나 phantom stock의 경우에도 스톡옵션과 마찬가지로 높은 직급에 집중되어 활용되고 있다(Gerhart & Rynes, 2003).

미국에서는 대부분의 기업이 스톡옵션제도를 활용하고 있다. 스톡옵션 부여대상은 원칙적으로 전 직원에 해당되나 실제로는 임원이나 회사에 기여도가 높은 직원에게 부여되고 있다. 미국기업들 사이에서 스톡옵션이 유독 많은 관심을 받게 된 것은 스톡옵션을 제공하는 기업들의 수가 매우 빠른 속도로 늘어났기 때문이다. 〈그림 Ⅵ-1〉에 나타난 바와 같이, 2001년에 54%의 미국 대기업들이 전 종업원의 50% 이상이 스톡옵션을 받을 수 있는 광범위 대상(broad-based) 스톡옵션제도를 채택하고 있었는데, 이는 1993년의 17%에 비할 때 그 증가율이 상당히 큼을 알 수 있다. 이와 비슷하게, 전체 기업을 대상으로 볼 때, 2001년 현재 22%의 종업원들이 스톡옵션을 받고 있었고, 이는 1993년의 6%에 비교해 볼 때 상당히 큰 수치임을 알 수 있다. S&P 500 내의 125개의 비금융기업들을 대상으로 한 조사(Cohn, 1999)에서는 종업원당 보유하고 있는 스톡옵션의 가치가 1994년의 600달러에서 1998년에는 1,600달러로 상승했음을 보여 주고 있다. 1,352명의 고용주들을 대상으로 한 Watson Wyatt의 연구에서는 1999년 현재 19%의 근로자들이 스톡옵션을 보유할 수 있었다는 사실이 보고되었는데, 이는 단 1년 전만해도 그 수치가 12%에 불과했었다는 사실을 고려한다면 상당한 속도로 스

〈그림 Ⅵ-1〉 스톡옵션제도의 도입비율

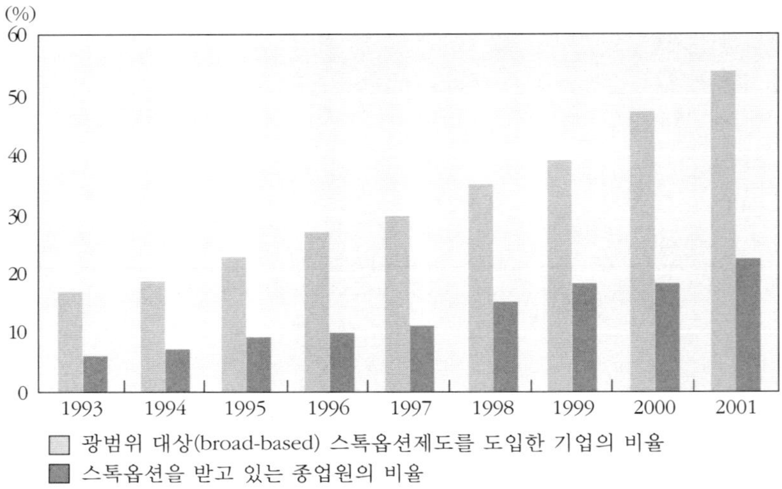

자료: Mercer(2001); Gerhart & Rynes(2003: 208)에서 재인용.

톡옵션의 보급이 확산되었음을 의미한다. NCEO(2002)의 조사에서도 이와 유사한 결과를 보여 주는데, 이 조사에 따르면 1990년 현재 약 100만 명의 스톡옵션 보유자가 있었던 반면, 그 수치는 2001년 현재 700~1,000만 명으로 증가했다. 이러한 사실에서 알 수 있는 것은, 샘플과 조사에 따라서 수치상에는 다소 차이가 있기는 하지만, 스톡옵션이 미국기업들 사이에서 급속히 빠른 속도로 퍼져 가고 있다는 것이다(Gerhart & Rynes, 2003).

스톡옵션에 대한 관심이 증가하고 있는 또 다른 이유는 과거에는 그 수혜의 대상이 최고경영자들로 거의 한정되어 있었으나, 최근 들어 수혜의 폭이 점점 넓어지고 있기 때문이다. 비임원급 종업원들에게도 스톡옵션을 제공하는 것은 Microsoft와 같은 기술 관련 산업의 기업체들에게서는 주요한 전략으로 자리 잡았다. 이러한 추세는 점차 다양한 산업의 기업들로 확산되어, Procter & Gamble, Pepsi Co, DuPont, Delta Airlines, Wendy's International 이외에도 많은 수의 기업들이 전 종업원을 대상으로 하는 스톡옵션제도를 시행하고 있다.

〈표 Ⅵ-6〉 미국대기업의 최고경영자 평균보상액 (단위: 백만 달러, %)

연도	Salary & Bonus	Long-Term Pay	Total Pay	Change
1996	2.3	3.2	5.8	54
1997	2.2	5.6	7.8	35
1998	2.1	8.5	10.6	36
1999	2.3	10.1	12.4	17
2000	2.7	10.4	13.1	6
2001	-	-	11.0	-16

자료: Business(1999, 2000, 2002); Gerhart & Rynes(2003: 206)에서 재인용.

스톡옵션의 대상이 전 사원으로 확대되어 가고 있는 것은 사실이지만, 스톡옵션의 혜택을 가장 많이 입고 있는 대상은 여전히 최고경영자들이다. 〈표 Ⅵ-6〉은 이러한 사실을 명확하게 보여 주고 있다. 1990년대 후반에 걸쳐 주식시장이 성장함에 따라 최고경영자의 평균보상수준도 상승했다. 1996년에 580만 달러였던 총보상액은 2000년에 1,300만 달러로 상승하였다. 또한 〈표 Ⅵ-6〉에는 2001년에 주식시장이 쇠퇴하면서 최고경영자의 보상 역시 낮아졌던 사실이 나타나 있다.

또한 대부분의 기업들이 임직원의 직급에 따라 차등적으로 스톡옵션의 수를 정하고 있다(김창수, 1999). 〈표 Ⅵ-7〉에 Conference Board가 스톡옵션제도의 현황에 대해 조사한 결과가 나타나 있다. 표를 살펴보면 최고경영진의 경우에는 연간 기본급의 300% 이상을 옵션으로 지급하는 기업이 가장 많고, 중간관리자의 경우에는 연간 기본급의 25~49%에 상당하는 보수를 스톡옵션으로 지급하는 기업이 가장 많은 것으로 조사되었다.

미국의 스톡옵션제도의 또 다른 특징으로는 스톡옵션에 근거한 보상이 주식시장의 상황에 따라 많은 변화를 겪는다는 사실이다. 즉, 주식시장의 상황이 호의적일수록 스톡옵션과 같은 장기보상제도가 더욱 활성화되었던 것이다. Standard & Poor's 지수로 볼 때 주가상승률이 2% 미만이었고, 주가 상승 및 배당을 포함한 총수익률이 7% 미만이었던 1970년대에는 보상에서 스톡옵션 대신 현금보상이 차지하는 비율이 더 높았다. 그러나 주식시장이 호

〈표 Ⅵ-7〉 직급별 연간 스톡옵션 부여액(행사금액 기준) (단위, %)

연간 급여 대비	최고경영층 회사비율	중간관리층 회사비율
300% 이상	28.0	2.0
250~299%	6.0	1.0
200~249%	10.0	3.0
150~199%	12.0	4.0
100~149%	19.0	13.0
75~99%	9.0	16.0
50~74%	6.0	16.0
25~49%	6.0	30.0
25% 미만	4.0	15.0
계	100.0	100.0

자료: 김창수(1999).

황을 누렸던 1980년대에는 주식에 연계한 장기보상의 비중이 높아졌다. 1980년 8월에서 1988년 8월까지 Standard & Poor's 지수는 매년 12% 이상 상승했고 따라서 배당을 포함한 총수익률은 15%를 상회하였는데, 이 기간 동안 최고경영자들은 연봉 대비 3.6배나 되는 스톡옵션을 지급받았다.

그렇다면 이러한 스톡옵션제도의 효과성은 어떠한가? 스톡옵션제도의 효과성에 대한 기존 연구들은 일치된 결과를 보여 주고 있지는 못하다. 특히 스톡옵션을 본격적으로 활용한 시기가 그다지 길지 못했기 때문에 스톡옵션의 장기적 효과를 분석하는 일은 더욱 어렵다.

스톡옵션의 긍정적 효과를 밝혀냈던 몇몇 연구들을 살펴보면 다음과 같다. Brickley, Bhagat, & Lease(1985)는 다양한 산업으로부터 83개의 기업을 추출하여 스톡옵션의 효과를 분석하였다. 이들은 기업이 스톡옵션과 같은 장기보상계획을 시행할 것이라 발표할 경우 주식시장이 이에 긍정적으로 반응한다는 사실을 밝혀냈다. 구체적으로, 이러한 장기계획을 발표한 기업의 경우 누적수익률이 2.4%가량 증가했다. Gerhart & Milkovich(1990)의 연구에서는 스톡옵션을 부여받을 자격이 있는 최고경영자와 중간경영자의 비율, 그리고 기업의 자산수익률 사이의 관계가 분석되었다. 연구결과에 따르면, 스톡옵션을 받을 자격을 갖춘 경영자가 20%인 기업은 예상 자산수익률이 5.5%였으나, 80%인 기업의 예상 자산수익률은 6.8%로써 약 25%가량 더 높은 수치를 보였다. 물론 이 연구는 지위가 상대적으로 높은 경영자들, 따라서 보상의 수준이 높은 경영자들을 대상으로 수행되었기 때문에, 스톡옵션의 수혜대상이 광범위한 기업들의 경우에까지 일반화되기 어렵다는 한계를 갖고 있다. 이러한 연구를 종합해 보면, 스톡옵션의 부여와 기업성과의 관계는 정(+)의 관계를 갖는다고 말하기 어려울 만큼 연구결과가 혼재되어 있다.

이와 동시에 스톡옵션의 부정적 효과와 제도가 갖는 문제점 역시 많이 지적되어 왔다. 가장 크게 문제되고 있는 스톡옵션의 문제점은 스톡옵션으로 인한 과다보상이다(김창수, 1999). 현재 미국기업에는 스톡옵션으로 인해 단기간에 비정상적으로 높은 수준의 부를 축적한 경영자들이 많이 나타나고 있는데, Walt Disney의 Michael Eisner 회장은 1993년 스톡옵션으로 2억 230만 달러를 벌어 들였으며, 1996년에는 Intel의 Andy Grove 회장이 스톡옵션으로 9,800만 달러의 수입을 올렸다. 이어 1998년에는 Dell 컴퓨터의 Michael Dell 회장이 7,500만 달러를 벌었다. 스톡옵션으로 얻게 되는 높은 수준의 보상이 동기부여 효과를 어느 정도 가져오는 것은 사실이지만, 이와 동시에 옵션이 과도하게 부여될 경우 근로 자체에 대한 동기저하 현상 역시 유발된다. 또한 옵션으로 인한 수익에 집착한 나머지, 기업의 성장을 고려한 보다 장기적인 안목의 결여로 기업의 실적에 악영향을 미치고 이에 따라 스톡옵션의 도입이 실패로 끝날 우려가 있다. 또한 스톡옵션으로 인한 과다 보상이 경영자의 경영실적에 기인한 것이 아니라, 주식시장의 활황으로 인한 것일 경우, 과다보상의 정당성에 대한 논란을 피할 수 없다.

스톡옵션이 대리인비용을 감소시킬 것이라는 주장 역시 실증 연구결과를 살펴보면, 그 타당성이 보장되지 않음을 알 수 있다. DeFusco, Zoron, & Johnson(1991)은 그들의 연구를 통해, 스톡옵션제도를 채택한 이후, 기업의 연구개발비가 감소하여 투자기회가 오히려 줄어들었으며, 경영자의 비생산적 낭비(perquisites)가 증가했음을 지적했다. 792개 미국기업을 대상으로 실시한 Yermack(1995)의 연구결과 역시, 스톡옵션이 대리인비용을 감소시키는 효과가 없다는 결론을 내렸다. 또한 스톡옵션은 지분의 옵션과 같은 성격 때문에 경영자들이 과도하게 위험한 투자 대안을 선택할 인센티브를 증가시킬 수 있다. 이로 인해 경영자의 위험전가(risk-shifting) 현상을 부추기게 되어 오히려 대리인비용이 증가할 수도 있다. 실제로 Agrawal & Mandelker(1987)는 경영자들의 보상 시스템에 스톡옵션의 비중이 많을수록 기업의 경영자들은 보다 위험한 투자안을 선택하는 경향을 보였다고 밝히고 있다. 이들은 1974~1982년 미국기업들을 대상으로 수행된 연구에서 경영자가 주식 및 스톡옵션을 많이 소유할수록 수익률의 변동성이 커지며 부채비율이 높아지는데, 이는 경영자가 보다 큰 투자위험과 재무위험을 선택하기 때문이라고 주장하였다. 또한 1992~1997년 정유 및 가스산업의 최고경영자에 대한 스톡옵션 부여를 대상으로 한 Rajgopal & Shevlin(2002)의 연구는 최고경영자에 부여되는 스톡옵션의 양이 크면 클수록 현금흐름의 변동성과 주가변동성이 증가함을 발견하였다.

제 VII 장

한국기업 성과급제도의 개선방안

전통적인 인사관리 패러다임 속에서 인적자원은 전략적인 자산으로 간주되지 않고, 종업원을 비용통제의 대상으로만 보는 경향이 있어 왔다. 따라서 많은 기업들이 종업원 훈련이나 보상과 같은 인사제도들에 쉽게 투자를 하다가도, 재정적인 어려움에 봉착하게 되면 인적자원은 가장 먼저 비용삭감의 대상이 되곤 했다. 그러나 1980년대 이후 전략적 인사관리(strategic human resource management)의 접근방식이 부각되면서 기업의 경쟁력과 비교우위의 원천으로서 인적자원관리의 중요성이 크게 대두됨에 따라, 선진기업을 중심으로 기업들은 경쟁에서 이겨내기 위해 인적자원관리와 노사관계를 전략적인 차원에서 접근하기 시작했다.

국제적 경쟁의 심화나 기술의 급속한 발전 등과 같은 경영환경의 빠른 변화에 직면한 기업들은 새로운 환경에서 생존하고 발전하기 위해 노력하는 과정에서 인적자원이 조직의 지속적인 경쟁우위 확보에 중요한 원천이 될 수 있다는 점에 주목하기 시작했다. 인적자원의 경우 인사관리 시스템을 구성하는 인적자원의 요소들이 상호작용하는 메커니즘을 파악하기가 어렵다는 점에서 인과적인 모호성(causal ambiguity)을 가진다. 또한 그러한 인사관리 시스템은 시간의 경과에 따라서 형성된 정책들로 구성되는 것이기 때문에 경로의존성(path dependence)을 가지며, 이에 따라 경쟁자가 특정한 시스템을 이해했더라도 그것을 전략적으로 완벽하게 적용하기까지는 시간이 필요하므로 즉각적인 모방은 배제될 수밖에 없다. 따라서 인적자원의 핵심역량(core competence) 강화를 통한 경쟁우위의 확보가 인사관리의 역할로서 크게 강조되고 있다. 그리고 이와 동시에 급격히 변화하는 경영환경에 유연하게 대응할 수 있도록 인적자원관리에서의 유연성(flexibility) 배양 역시 추가로 강조되고 있다. 따라서 현재 기업의 인사관리가 당면하고 있는 과제는, 한편으로는 종업원의 역량과 몰입을 최대한 이끌어 낼 수 있도록 기업의 핵심역량으로서의 인적자원을 효율적으로 관리하고, 다른 한편으로는 시장의 변화에 따라 인력을 탄력적으로 운용하여 노동비용을 절감하는 것이라 할 수 있다.

이렇듯 효율성(efficiency)과 유연성의 요구를 동시에 충족시켜야 하는 기업들은 고용방식의 다양화를 통해 인적자원관리의 당면과제를 해결해 나가고 있다. 정규근로자 이외에도 비정규직, 계약직, 파트타임 근로자 등을 적극 활용하여 직무의 중요성과 성격에 따라 적절한 근로자를 배치하는 형식을 취하고 있는 것이다. 미국기업들은 이미 오래전부터 핵심근로자를 기업 내부적으로 양성하고, 핵심적인 역할이 필요하지 않는 직무에 대해서는 기업 외부에서 필요에 따라 노동력을 영입하는 정책(이른바 “make-or-buy” 정책)(Miles & Snow, 1984)을 사용해 왔다. 그러나 한국의 경우에는 1990년대 후반에 이르러서야 기업들이 연공급에 기반을 둔 평생직장의 개념에서 탈피하기 시작했으며, 비정규직, 아웃소싱 등 다양한 형태의 인사관리방식에 대해 관심을 갖기 시작했으며, 1997년의 IMF 외환위기는 이러한 변화를 가속화했다. 따라서 일반 정규직을 전제로 한 기존의 인사관리관행은 급변하는 경영환경에 더 이상 적절치 않은 방식이 되었으며, 다양한 고용방식의 시대에 적절한 새로운 인사관리의 형태(configuration)를 정립할 필요성이 증가하고 있다.

따라서 다양한 고용형태의 결합을 통해 어떻게 기업 인적자원의 핵심역량을 개발할 수 있을 것인지, 각 고용형태에 적합한 효율적인 종업원의 채용, 훈련, 평가, 보상 관행들은 무엇인지, 그리고 궁극적으로는 기업 내에 다양하게 존재하는 HR 시스템을 어떻게 조화하고 통합해 기업의 성과를 향상시킬 수 있을 것인지에 대한 체계적인 연구가 필요하다. 이런 의미에서, 종업원의 인적자본 유형을 네 가지로 나누고 각 유형에 대응하는 고용방식과 HR 시스템(혹은 configuration)을 제시한 Lepak & Snell(1999)의 HR architecture 모델은 한국기업의 인적자원관리에 시사하는 바가 크다고 할 수 있다.

이하에서는 Lepak & Snell(1999)의 HR architecture 모델을 이용해 인적자본의 유형에 따라 어떤 HR 시스템이 적용되어야 하는지를 살펴보고, 각 HR 시스템에 적합한 보상정책에 대해 살펴보고자 한다. 그리고 이를 바탕으로, 한국기업 성과급제도의 개선방안에 대해 논의해 보고자 한다.

1 HR architecture와 성과급제도

1) HR architecture 모델

Lepak & Snell(1999)은 각기 다른 유형의 고용형태, 고용관계에 대응하는 HR architecture 모델을 개발했다. 이들은 조직 내 모든 종업원들에게 적용될 수 있는 유일한 최적의 HR architecture가 있다는 기존 연구자들의 시각을 부정하고, 종업원의 인적자본 유형에 따라 하나의 조직 내에서도 다양한 패턴의 HR system이 존재할 수 있다는 관점을 취했다.

Lepak & Snell(1999)은 ① 거래비용이론(transaction cost theory: 종업원 관리에 있어 시장거래를 통했을 때의 비용과 조직 내부의 위계 원리에 따를 때의 비용을 비교하여 의사결정이 이루어진다는 이론), ② 인적자본이론(human capital theory: 기업은 종업원의 기술개발과 지식축적을 위해 인적자본에 투자한 비용과 그것으로부터 나올 수 있는 기대수익을 비교하며, 기업은 인적자본에 대한 투자가 다른 기업으로 이전되는 것을 막으려 한다는 이론), 그리고 ③ 자원준거관점(resource-based view: 가치 있고, 희귀하고, 모방 불가능하고, 이전할 수 없는 핵심역량은 내부적으로 개발되어야 한다는 이론)의 세 가지 이론적 배경을 바탕으로 HR architecture 모델을 도출했다.

HR architecture 모델에서 기업들은 고용방식(employment mode)을 선택함에 있어 전략적 고려와 비용/편익과 관련된 고려를 모두 하게 된다. 특히 종업원이 가진 다양한 기술의 잠재적인 가치창출(value-creating)적 측면과, 특정 회사에 대한 그 기술의 특유적 측면(uniqueness)을 고려하여 이러한 선택이 이루어진다. 그리고 이러한 고려는 앞서 언급한 기업의 인적자원에 관한 세 가지의 이론적 배경과 논리적 일관성을 지닌다.

(1) 인적자본의 가치

인적자본의 내부화, 즉 종업원을 내부적으로 고용하게 될 때 이는 기업의 핵심역량을 기르고 거래비용을 낮추는 데에는 도움이 되지만, 다른 한편으로는 채용, 훈련, 보상 등 HR 관련 제반 관행들을 유지하는 데 필요한 관리 · 조정 비용을 발생시킨다. 따라서 인적자본의 가치(value of human capital)는 "종업원들이 가진 기술로부터 발생된 전략적 이득(benefit)/발생한 비용"의 비율로 정의할 수 있을 것이다. 따라서 만약 종업원들이 기업의 비용절감에 도움을 준다거나 고객의 이득을 증가시키는 데 기여할 수 있다면 인적자본의 가치는 증대되는 것이다.

(2) 인적자본의 특유성

인적자본의 특유성(uniqueness or firm-specificity) 정도가 클수록 거래비용이 커지며, 따라서 고용을 내부화할 필요성이 증대된다. 인적자본의 특유성은 많은 다양한 요소들로부터 비롯된다. 예를 들어, 팀 기반 생산(team-based production)과 같이 상호의존성이 높은 과업환경, 특유의 운영절차

(operational procedure) 등이 있는 경우처럼 사회적 복잡성(social complexity), 인과적 모호성(casual ambiguity), 암묵지(tacit knowledge)의 개발이 증대되면 종업원 기술의 특유성도 역시 커지게 된다. 이러한 기업 특유적 기술은 또한 특유의(idiosyncratic) 학습 과정을 포함하기 때문에 외부노동시장에서 쉽게 얻을 수가 없고 기업 내부에서 투자할 필요성이 생긴다. 거래비용이론뿐만 아니라 자원준거이론에 의할 때도 기업 특유의 자산은 경쟁우위의 원천이 될 수 있다는 점에서, 인적자본의 특유성 정도가 높을수록 고용을 내부화해야 할 필요성은 증대된다.

인적자본의 가치와 특유성은 어떠한 고용형태(employment mode)를 선택할 것인가에 관한 전략적 의사결정에 있어 중요한 기준으로 작용한다. 인적자본의 가치와 특유성을 고용형태의 두 가지 선택기준으로 했을 때, 각 기준의 높고 낮은 정도에 따라 4사분면으로 구성된 architecture가 도출될 수 있다. 그리고 각 사분면의 내용이 되는 인적자본의 전략적 특성(value, uniqueness의 정도)은 각기 다른 고용형태, 고용관계, 그리고 HR 형태(configuration)를 결정하게 된다.

Architecture 모델을 〈그림 Ⅶ-1〉에 나타내었다.

① 1사분면

㉠ 고용형태: 내부개발형(internal development)

기업특유의, 가치 있는 기술을 가진 종업원들은 경쟁우위의 원천으로서의 핵심인력(core employees)으로 분류되며 이들의 인적자본(human capital)를 내부적으로 개발하는 것이 중요한 문제가 된다.

㉡ 고용관계: 조직지향형(organization focused)

종업원과 고용주 사이에 기업 특유의 핵심기술 개발에 상호 투자하겠다는 일종의 합의가 존재한다. 장기적인 몰입(involvement)과 투자(investment)가 고용관계의 핵심요소이다.

〈그림 Ⅶ-1〉 HR architecture 모델

인적 자본의 특유성	Low ← 인적자본의 가치 → High	
High	4사분면 · 고용형태: 제휴형 · 고용관계: 동업자형 · 인사제도: 협동형	1사분면 · 고용형태: 내부개발형 · 고용관계: 조직지향형 · 인사제도: 몰입형
Low	3사분면 · 고용형태: 계약형 · 고용관계: 거래형 · 인사제도: 규정준수형	2사분면 · 고용형태: 외부에서 구입형 · 고용관계: 공생형 · 인사제도: 시장형

자료: Lepak & Snell(1999).

㉢ HR 형태: 몰입형(commitment)

기업의 인전자본 투자로부터의 수익과 종업원 몰입을 극대화하기 위해서는 폭넓게 정의된 직무(loosely defined job), 폭넓은 훈련(extensive training), 경력개발, 멘토링(mentoring), 직능급/팀 차원의 보상(skill-based/team-based pay), 세심한 성과평가 등이 필요하다. 고성과 작업 시스템(high performance work system)과 유사하다.

② 2사분면

㉠ 고용형태: 외부에서 구입형(acquisition)

가치 있지만 일반적인 스킬(skill)은 시장에서 바로 구매(e.g., CPA, UPS driver)하여 내부화한다. 이들의 가치는 구매(채용) 시 시장가격에 반영된다. 투자/훈련비용을 아낄 수 있으며 즉각적으로 사용수익의 회수가 가능하다.

㉡ 고용관계: 공생형(symbiotic)

실리주의에 입각, 종업원과 고용주 간의 상호 이익이 지속되는 한 고용관계를 지속시킨다. 종업원들은 그들의 재능(talent: 스스로 인적자본에 투자한 결과)을 다양한 기업에 팔 수 있으므로 몰입도(commitment)가 높지 않다.

㉢ HR 형태: 시장형(market-based)

조직에 필요한 기술을 지닌 종업원들의 채용에 주된 관심을 둔다. 임금의 외부공정성(externally equitable wages), 종업원들의 재량(discretion) 정도, 임파워먼트(empowerment)가 높다. 선택적 채용 및 보상 시스템(system of selective staffing & rewards)이 핵심이다.

③ 3사분면

㉠ 고용형태: 계약형(contracting)

일반적이고 제한적으로만 가치 있는 인적자본은 기업이 시장에서 쉽게 구매할 수 있는 상품과 같으며 기업은 이들과 단기적인 계약관계를 통해 간접비용을 줄이고 유연성을 높인다.

㉡ 고용관계: 거래형(transactional)

단기적인 경제적 교환관계에 바탕을 둔 직무지향형(job-focused) 고용관계이다. 종업원은 특정 직무에서 요구하는 기준에 의거해 일을 하며 제한적으로 조직에 관여하고, 기업도 종업원들의 몰입을 기대하지 않으며 고용관계는 철저히 계약을 따른다.

㉢ HR 형태: 규정준수형(compliance)

광범위한 책임이나 조직 내 역할 부과가 아닌, 계약조건상의 세밀한 규정을 따르게 하는 데 초점을 맞춘다. 종업원들은 사전에 정해진 직무절차에 따를 것을 요구받으며, 직무에 기초한(job-based) 평가 · 보상, 훈련이나 개발활동에는 거의 투자가 이루어지지 않는다.

④ 4사분면

㉠ 고용형태: 제휴형(alliance)

특유하지만 가치창출에는 직접적으로 영향을 못 미치는 인적자본에 대해서는 기회주의와 비용문제를 모두 고려해 내부화/외부화 속성을 결합한 하이브리드(hybrid) 고용방식을 취한다.

㉡ 고용관계: 동업자형(partnership)

여러 당사자들 간의 제휴(alliance) 내에는 특유한(idiosyncratic) 지식이 다른 곳으로 이전될 위험, 불신의 위협이 항상 존재하기 때문에 당사자들 간의 상호 투자와 신뢰형성에 초점을 맞추는 파트너십 관계가 형성된다.

㉢ HR 형태: 협동형(collaborative)

인적자본의 직접적인 개발과 훈련보다는 효과적인 파트너십 형성, 협력과 정보공유를 유도하기 위한 팀 빌딩(team-building), 의사소통 수단 개선, 직무순환, 멘토링, 집단 차원의(group-based) 평가 · 보상에 초점을 맞춘다.

2) 인적자본 유형에 따른 성과급제도

HR architecture 모델에 따르면, 종업원의 인적자본 유형은 ① 가치가 높고 특유성이 있는 인적자본, ② 가치는 높지만 특유성은 낮은 인적자본, ③ 가치도 낮고 특유성도 낮은 인적자본, 그리고 ④ 가치는 낮지만 특유성은 높은 인적자본으로 구분된다. 따라서 성과급제도 역시 각각에 맞게 운영하는 것이 필요하다.

먼저 1사분면(development)에 속하는 종업원들은 내부 육성이 필요한 핵심인력이기 때문에 능력/역량급 성격의 기본급을 기초로 하면서 적절한 수준의 인센티브를 지급하는 성과급제도가 필요하다.

2사분면(acquisition)에 속하는 종업원들에 대해서는 최소한 시장임금 이상을 보장해야 하며, 높은 성과를 내도록 유인하는 개별 인센티브제도를 실시할 수 있다.

주로 비정규직에 해당되는 3사분면(contracting)의 종업원들에 대해선 업무량과 근로시간 및 직무의 시장임금 가치를 기준으로 한 보상제도가 적당하다.

마지막으로, 4사분면(alliance)에 속한 종업원들과는 효과적인 파트너십 형성이 관건이 되므로, 개별 인센티브와 병행하여 협력과 정보공유를 유도하기 위한 집단성과급제도, 스톡옵션제의 실시 등이 고려될 수 있다.

2 종합 및 결론

한국기업들 사이에서 이제 성과주의 인사관리는 보편적인 현상이 되었다. 그리고 그러한 성과주의의 핵심 구성요소로서 성과급제도는 기존의 연공주의적 인사관행을 글로벌 스탠다드의 성과주의로 변화시키는 데에 주요한 요소로 작용하고 있다. 그러나 현재 한국기업에서 추진되고 있는 성과급제도는 사원들의 몰입과 동기부여를 이끌어내는 데 그다지 성공적이지 못하고 단지 단기적으로 사원들에게 영향을 주고 있다고 보인다. 평가기준이 제대로 정비되지 않은 상태에서 고과성적에 따른 급여 차등폭의 확대로 사원들 사이에 동의를 얻지 못하는 경우가 많으며, 사원들은 금전적 보상에만 치우치는 경향이 있다. 또한 구성원들 사이에 보상을 더 받기 위한 경쟁이 치열해지면서 구성원들 간의 협력과 조화가 훼손되는 문제점 역시 존재한다.

따라서 성과급제도를 도입함에 있어 충분한 사전준비 없이 단순히 제도만을 도입하는 것은 적절치 못하다. 지난 수십 년간 연공위주의 인사관리에 익숙해 있었던 대부분의 한국기업들에게 성과주의 인사관리가 받아들여지는 것은 결코 간단한 일이 아니기 때문이다. 따라서 성과주의 보상제도의 성공적인 정착을 위해서는 우선 기업이 처해 있는 환경이나 경영방침, 조직문화 등을 보다 신중하게 검토한 뒤 도입하는 것이 바람직하다. 이를테면, 업무의 성격상 영업직, 전문직 등 개인의 역량에 의해 성과가 많은 부분 좌우되고, 업무상의 역할과 책임이 분명하게 구분되는 부문을 중심으로 우선적으로 적용하는 것이 바람직하다. 또한 성과주의는 위계질서가 강한 조직보다는 개인의 창의력과 개인주의적 성향을 존중하는 기업문화에 보다 적합하다. 개인의 능력과 생활을 존중하는 기업문화가 뒷받침되지 않는다면 성과주의 보상제도에 대한 불만이 커질 수밖에 없고 효율적인 운영도 힘들어지기 때문이다. 따라서 팀워크가 중요하고 집단주의적 성격이 강한 문화를 가진 조직에서는 개인과 집단의 성과를 동시에 고려하는 평가제도를 설계할 필요가 있다.

둘째로, HR Architecture 모델에서 제시하는 바와 같이 핵심인력과 비핵심인력에 관한 구분을 통해 각 그룹에 맞는 급여체계와 급여수준을 설계하여 인적자원의 운영에 있어 효율성과 유연성을 동시에 추구해야 할 것이다. 또한 같은 정규직이라 하더라도 기업의 필요와 종업원의 의사와 적성에 따라 다양하고 유연한 보상관리가 필요하다. 따라서 보상 시스템도 모든 종업원에 동일하게 적용하기보다는 다양한 경력경로의 형태에 따라 다양한 방식으로 적용되어야 할 것이다.

셋째로, 성과급제도는 개인의 성과를 임금인상에 연계하여 동기를 부여하고 조직의 성과를 높이려는 제도이기 때문에 개별 구성원들의 성과에 대한 공정하고 객관적인 평가가 선행되어야 한다. 따라서 최대한 정량화되고 객관적인 평가 시스템을 만들기 위한 노력이 필요하다. 이때 염두에 두어야 할 것은 평가지표를 설계함에 있어 실제 기업이 추구하는 전략목표와 연계된 지표가 선정될 수 있도록 해야 한다는 것이다. 또한 매출, 이익, 주가 등과 같은 단기 성과에만 초점을 두는 재무지표뿐만 아니라 조직의 미래 성과를 좌우하는 고객, 서비스, 구성원 역량 등과 같은 비재무적 지표 역시 적극적으로 고려해야 한다. 물론 재무적인 지표들은 기업의 궁극적인 성과지표라는 점에서 가장 중요한 지표이지만 단기적으로 이들 지표의 관리에만 몰두하게 될 때 장기적으로는 조직의 발전이 저해될 우려가 있다. 이에 대한 대안으로서, 하버드대학 경영대학원의 Kaplan 교수와 Norton 교수는 균형성적표(balanced scorecard) 방식의 성과평가를 제안하고 있다. 이는 재무적 지표뿐 아니라 재무성과를 가져오는 동인(drivers)의 관리도 동시에 이루어져야 한다는 관점에서 시작하며 현재 세계적인 호응을 얻고 있다. 균형성적표 방식의 평가에서는 재무지표, 고객만족지표, 내부 프로세스 지표, 학습 및 성장 지표의 관리가 이루어지며 이들에 대한 가중치는 조직의 필요에 따라 결정된다. 성과급제도가 소기의 목적을 달성하여 조직의 장기적인 발전에 기여하려면 이러한 균형 잡힌 성과관리 및 이에 대한 보상제도가 필요하다.

넷째, 성과주의 보상제도를 도입하는 경우 그 목적과 내용 그리고 방법 등을 구성원들에게 충분히 알리고 이에 대한 구성원들의 컨센서스를 확보할 필요가 있다. 자신이 열심히 노력하여 거둔 성과에 비례하여 보상이 주어진다는 성과급제도의 기본논리를 구성원들이 긍정적으로 받아들이고 상호 신뢰하는 조직 분위기가 조성되어야 하는 것이다. 이와 더불어, 지속적인 커뮤니케이션을 통해 자신이 노력한 결과 성과가 어떻게 향상되고 설정된 개인 혹은 집단의 목표가 어느 정도로 달성되고 있는지에 대한 지속적인 피드백이 이루어져야 한다. 지속적인 커뮤니케이션을 통해서 성과향상을 위한 동기부여가 가능하며, 그에 따라 성과주의의 원활한 정착이 가능해지기 때문이다. 이와 관련해서 관리자 역할의 중요성도 제고되어야 한다. 관리자는 개인 성과목표의 설정에 직접적으로 관여할 뿐만 아니라 성과 달성의 정도를 평가하고 피드백을 제공해야 하기 때문이다. 따라서 이러한 커뮤니케이션의 주체로서 관리자에 대한 교육이 필요하다.

참고문헌

1. 국내문헌

김동원 · 유규창(2000), 『집단성과배븐제도』, 한국노동연구원.

김성수(2000), 「미국기업의 최근 인센티브 제도 동향」, 『임금연구』 8(1), 47-55.

김영재(1999), 「한국기업 스톡옵션제도의 실태와 과제」, 『임금연구』(가을호), 4-27.

김창수(1999), 「미국기업의 최근 스톡옵션제도 동향」, 『임금연구』(가을호), 64-79.

김희석 · 김동철(2002), 「스톡옵션 도입공시와 주가반응」, 『한국증권학회 2002년 1차 학술발표회 발표논문집』.

노동부(2003. 11), 「2002년 회계연도 기준 기업체 노동 비용 동향」, 노동비용보고서.

박상수(1999), 『스톡옵션제도의 정립과 운영개선 방안』, 한국상장사협의회.

박우성(1998), 『성과배분제도의 도입실태와 개선방안』, 한국노동연구원.

박우성(2002), 『스톡옵션제』, 한국노동연구원.

박우성 · 유규창 · 박종희(2000. 4), 『연봉제』, 한국노동연구원.

박우성 · 이병하(2003), 「삼성전자의 보상제도: 성과주의로의 변화 및 평가」, *HR Professional*, 1, 78-94.

박준성(1999), 「성과주의 보상전략과 보상체계」, 『월간 인사관리』 11월호, 12-16.

박지원(2002), 「EAP의 활용」, 『주간경제』 702호, LG경제연구원.

백홍기(1999), 「스톡옵션제도의 발달과 필요성」, 『금융』 541, 12-17.

설원식 · 김수정(2003), 「스톡옵션 부여 기업의 장기성과에 관한 연구」, 『증권학회지』 32(1), 173-217.

송계전 · 박귀현(1997. 6), 「카페테리아식 복지 제도의 도입 방안에 관한 연구」, LG경제연구원.

신유근(2005), 『인간존중의 경영』, 다산출판사.

안희탁(2000), 『연봉제 Q & A』, 인사관리협회.

원재환(2001), 「스톡옵션제도의 공시효과와 위험에 관한 연구」, 『증권학회지』 28, 579-623.

이진규(2001), 『전략적 · 윤리적 인사관리』, 박영사.

최수미(2003. 8), 「기업연금제도의 도입과 기업의 활용 방안」, LG경제연구원.

황규대(2002), 『인적자원관리』, 박영사.

2. 국외문헌

Adams, J. S. (1963), "Toward an understanding of equity," *Journal of Abnormal and Social Psychology*, 67, 422-436.

Agrawal, A., & G. N. Mandelker (1987), "Managerial incentive and corporate investment and financial decision," *Journal of Finance*, 42, 823-837.

Arthur, J. B., & G. S. Jelf (1999), "The effects of gainsharing on grievance rates and absenteeism over time," *Journal of Labor Research*, 20, 133-145.

Bartol, K. M., & E. A. Locke (2000). Incentive and Motivation. In S. L. Rynes & B. Gerhart (eds.), *Compensation in Organizations*, San Francisco, CA: Jossey-Bass, pp. 104-147.

Banker, R. D., S-Y. Lee, G. Potter, & D. Srinivasan (1996), "Contextual analysis of performance impacts of outcome-based incentive compensation," *Academy of Management Journal*, 39, 920-948.

Beck, P. J., & T. S. Zorn (1982), "Managerial incentives in a stock market economy," *Journal of Finance*, 37, 1151-1167.

Brickley, J. A., S. Bhagat, & S. C. Lease (1985), "The impact of long-range management compensation plans on shareholder wealth, *Journal of Accounting and Economics*, 7, 115-129.

Cohn, L. (1999), "The hidden costs of stock options," *Business Week*, December 6, p. 44.

Collins, D. L. Hatcher, & T. L. Ross (1993), "The decision to implement gainsharing: The role of work climate, expected outcomes, and union status," *Personnel Psychology*, 46, 77-104.

Cooke," W. N. (1994), "Employee participation programs, group-based incentives, and company performance: A union-nonunion comparison," *Industrial and Labor Relations Review*, 47, 594-609.

Cummings, T. G., & C. G. Worley (1997), *Organization Development & Change*, 6th ed., Cincinnati, Ohio: South-Western College Publishing.

De Fusco, R. A., T. S. Zorn, & R. R. Johnson (1991), "The association between executive stock option plan changes and managerial decision making," *Financial Management*, 20, 36-43.

Fein, M. (1981), *Improshare: An alternative to traditional managing*, Norcross, GA: Institute of Industrial Engineers.

Gerhart, B., & G. T. Milkovich (1990), "Organizational differences in managerial compensation and financial performance," *Academy of Management Journal*, 33, 663-691.

Gerhart, B., & S. L. Rynes (2003), *Compensation: Theory, evidence, and strategic implications*, Sage Publications.

Gomez-Mejia, L. R., D. B. Balkin, & R. L. Cardy (2001), *Managing Human Resources*, 3rd ed., N. J.: Prentice-Hall, Inc.

Greene C. N., & P. M. Podsakoff (1978), "Effects of the removal of a pay incentive: A field experiment," *Academy of Management Proceedings, 34th Annual Meeting*, 206-210.

Harrison, D. A., M. Virick, & S. William (1996), "Working without a net: Time, performance, and turnover under maximally contingent rewards," *Journal of Applied Psychology*, 81, 331-345.

Hatcher, L., & T. L. Ross (1991), "From individual incentives to an organization-wide gainsharing plan: Effects on teamwork and product quality," *Journal of Organizational Behavior*, 12, 169-183.

Heneman, R. L. (1990), "Merit pay research," *Research in Personnel and Human Resource Management*, 8, 203-263.

Heneman, R. L. (1992), *Merit pay. Linking pay increases to performance ratings*, New York: Addison-Wesley.

Herzberg, F. (1968), "One more time: How do you motivate employee?" *Harvard Business Review*, January-February: 57.

Kaufman, R. T. (1992), "The effects of Improshare on productivity," *Industrial and Labor Relations Review*, 45, 311-322.

Kim, D. (1999), "Determinants of the survival of gainsharing programs," *Industrial and Labor Relations Review*, 53, 21-42.

Klein, H. J., M. J. Wesson, J. R. Hollenbeck, & B. J. Alge (1999), "Goal commitment and the goal-setting process: Conceptual clarification and empirical synthesis, *Journal of Applied Psychology*, 84, 885-896.

Kopelman R. E. (1976), "Organizational control system responsiveness, expectancy theory constructs, and work motivation: Some interrelations and causal connections, *Personnel Psychology*, 29, 205-220.

Kruse, D. L (1993), *Profit Sharing: Does it make a difference?* Kalamazoo, MI: Upjohn Institute.

Lee, T. W, E. A. Locke, & S. H. Phan (1997), "Explaining the assigned goal-incentive interaction: The role of self-efficacy and personal goals," *Journal of Management*, 23, 541-559.

Lepak, D. P., & S. A. Snell (1999), "The human resource architecture: Toward a theory of human capital allocation and development," *Academy of Management Review*, 24, 31-48.

Locke, E. A., & G. P. Latham (1990), *A Theory of Goal Setting and Task Performance*, Upper Saddle River, NJ: Prentice Hall.

Mankiw, N. G. (1998), *Principles of Economics*, Dreyden Press.

Metzger, B. L. (1966), *Profit Sharing in Perspective*, Evanston, Il: Profit Sharing Research Foundation.

Miles, R., & C. C. Snow (1984), "Designing strategic human resource systems," *Organizational Dynamics*, 13, 36-52.

Milkovich, G. T., & J. M. Newman (1999), *Compensation*, 3rd ed., Plano, T.X.: Business Publications.

Milkovich, G. T., & J. M. Newman (2002), *Compensation*, 7th ed., New York: McGraw-Hill.

Milkovich, G. T., & A. K. Wigdor (1991), *Pay for Performance*, Washington, DC: National Academy Press.

National Center for Employee Ownership (2002), A statistical profile of employee ownership. Retrieved from the Worldwide Web on January 15,

2002, at: http://www.nceo.org/library/eo_stat.html.

Ochsner, R. C. (1990), Strategic Compensation-Wining Strategies for the Nineties, Part Ⅰ, *Compensation & Benefits Management*, 6(2), 172-173.

Patton, T. (1977), *Pay*, N.Y.: Free Press.

Scholl, R. W., E. A. Cooper, & J. F. McKenna (1987), "Referent selection in determining equity perceptions: Differential effects on behavioral and attitudinal outcomes," *Personnel Psychology*, 40, 113-124.

Schuster, M. H. (1984), "The Scanlon plan: A longitudinal analysis," *Journal of Applied Behavioral Science*, 20, 23-28.

Schuster, M. H. (1990), *Gainsharing: Current issues and research needs* [Workshop], Cornell University, School of Industrial and Labor Relations, Ithaca, NY.

Singleton, M. M., B. Petty, & D. W. Connel (1992), "An experimental evaluation of an organizational incentive plan in the electric utility industry," *Journal of Applied Psychology*, 77, 427-436.

Tosi, H. L., J. P. Katz, & L. R. Gomez-Mejia (1997), "Disaggregating the agency contract: The effects of monitoring, incentive alignment, and term in office on agent decision making," *Academy of Management Journal*, 40, 584-602.

Vroom, V. H. (1964), *Work and Motivation*, New York: John Wiley & Sons, Inc.

Watson Wyatt Worldwide (1999), *1999/2000 Survey of Pop Management compensation*, Washington, DC: Author.

Weitzman, M. L., & D. L. Kruse (1990), "Profit sharing and productivity," in A. S. Blinder (ed.), *Paying for Productivity*, Washington, DC: Brookings Institution.

Whyte, W. F. (1955), *Money and Motivation*, New York: Harper Brothers.

Wright P. M. (1989), "Test of the mediating role of goals in the incentive-performance relationship," *Journal of Applied Psychology*, 74, 699-705.

Yermack, D. (1995), "Do corporations award CEO stock options effectively?" *Journal of Financial Economics*, 39, 237-269.

3. 웹사이트

http://www.4insure. or.kr(4대 사회보험포털사이트)

http://www.kisi.org(한국사회보험연구소)

http://www.laborstat.molab.go.kr(노동부 통계자료실)

http://www.nhic.or.kr(국민건강보험공단)

http://www.welco.or.kr(근로복지공단)

찾아보기

ㅈ

ㅊ

Abstract

Performance-based Compensation in Korea

Seongsu Kim · Chanhi Park · Taeho Kim

In this book, the authors discuss how the compensation management system of Korean firms has changed over the last 10 years. Korean companies were seeking changes to their compensation system in the early 1990s due to increasing labor costs, especially after the explosive hikes in wages coupled with the growing number of labor disputes of the late 1980s and early 1990s. The financial crisis of the 1990s forced Korean firms to fundamentally change employment relations from a seniority-based, long-term human resource (HR) system to a performance-based, contractual HR system.

Under the new HR system, compensation practices also went through fundamental changes. Seniority-based compensation practices (known in Korean as Ho Bong Je) were replaced by an American-style merit pay system (known as Yun Bong Je), thus increasing further the link between performance and pay. In addition, new performance-based compensation practices were introduced, including profit sharing, gain sharing and stock-related compensation practices. This book offers a detailed account of such changes and makes suggestions for further improving compensation systems in Korean firms.

:: 발간사

서울대학교 경영연구소의 '한국기업경영사 연구사업'은 한국기업경영에 대한 역사적 연구를 통하여 우리나라 기업경영의 역사와 변천과정, 그리고 이의 성과를 평가하고 미래발전에 대한 시사점을 제시하는 것을 기본 목적으로 시행되었으며, 그 연구의 결과로 본 총서 시리즈를 발간하게 되었습니다.

한국기업의 성장 발전은 과거 30~40년 사이에 매우 빠르게 이루어져 한국경제 성장을 견인하여 왔으나, 한국기업의 발전과정에 대한 체계적인 연구는 이루어지지 않은 것이 오늘의 현실입니다. 역사를 모르고선 우리나라 기업경영의 미래와 발전을 바랄 수 없습니다. 본 총서는 우리 기업의 발전과정에 대한 체계적인 연구를 통하여 선진외국으로부터 1950년대 후반부터 도입된 경영학과 경영기법들이 한국적 토양에 어떻게 정착되었는지를 고찰하고, 향후 지속적인 발전을 위한 학문적 연구방법 및 한국기업경영의 방향을 모색하였습니다.

본 연구를 토대로 서울대학교 경영연구소는 명실상부 한국기업경영사연구의 중추적 역할을 수행하며, 대학과 연구소의 국제적 경쟁력과 위상을 높일 수 있을 것으로 사료됩니다.

본 연구는 2004년 3월부터 42명의 서울대학교 경영대학 교수와 외부기관의 박사급 이상의 연구원이 공동으로 연구를 하였고, 주제는 산업별 역사, 기업경영사, 기업정책의 변천사 등을 총망라하였습니다.

본 연구총서가 학문적으로 국내외에서 유용한 연구자료로 활용됨은 물론이고, 우리 기업의 성장과정을 직접 체험한 기성세대에게 있어서 기업의 성장 발전과정에 관한 지식을 체계적으로 전달하고, 차세대 젊은이들에게도 유용한 정보를 제공하여 미래 한국기업경영의 방향을 모색하는 데 유익한 자료가 되길 바랍니다.

끝으로 밤을 밝히며 연구에 매진하여 훌륭한 연구실적을 내기까지 노력과 수고를 아끼지 않은 저자 여러분과, 본 연구를 위하여 기꺼이 연구비를 출연하여 주신 SK그룹, 현대자동차그룹, 삼양사에도 심심한 감사를 드립니다.

2005년 7월
서울대학교 경영대학 학장
서울대학교 경영연구소 소장

:: 저자 약력

김성수

· 서울대학교 경영학과 학사
· 미국 University of Chicago 경영학 석사
· 미국 University of California, Los Angeles(UCLA) 경영학 박사
· 2003~2005 한국 경영사례연구원장
· 1997~현재 서울대학교 경영대학 경영학과 교수

박찬희

· 서울대학교 경영학과 학사 및 석사
· 미국 하버드 대학교 경영대학원 경영학 박사
· 현, 중앙대학교 경영대학 조교수
· 현, 한국이사협회(KIOD) 교육위원
· 현, 한국기업지배구조개선센터(CGS) 연구위원

김태호

· 서울대학교 경영학과 학사
· 펜실베이니아주립대학 경영학 석사
· 펜실베이니아주립대학 경영학/농업경제학 박사
· 산업연구원 부연구위원
· 인천대학교 동북아국제통상학부 전임강사, 조교수
· 현, 인천대학교 경영대학 경영학과 조교수

서울대학교 경영연구소
기업경영사 연구총서 13

한국기업 성과급제도의 변천

저자 김성수 · 박찬희 · 김태호

2007년 2월 28일 초판 제1쇄 발행
2010년 12월 30일 초판 제3쇄 발행

펴낸이 오연천
펴낸곳 서울대학교출판문화원
151-742 서울 관악구 관악로 599
대표전화 02-880-5252 **팩스** 02-888-4148
마케팅팀(주문상담) 02-889-4424, 02-880-7995
이메일 snubook@snu.ac.kr
홈페이지 www.snupress.com
영문홈페이지 eng.snupress.com

ISBN 978-89-521-0753-4 93320

2008년 대한민국학술원 우수학술도서

서울대학교 경영연구소 기업경영사 연구총서

01 한국기업 배당정책의 변화 | 최도성 · 김성민
02 한국기업의 서비스 품질 평가제도 변천과정 | 이유재 · 라선아
03 한국 브랜드의 진화 및 발전 | 김재일
04 한국 백화점 역사 | 김병도 · 주영혁
05 한국 인터넷 기업의 변천사: 네트워크 경제의 실험과 형성 | 안중호 · 양희동 · 오상조 · 김은진
06 우리나라의 기업공시제도: 공정한 거래와 투명한 정보제공 | 윤계섭 · 허희영
07 한국 PC산업의 발전과정 | 김상훈 · 오정석
08 한국기업 해외직접투자 전략의 변천 | 이동기 · 박남규 · 조영곤 · 김동희
09 한국기업의 ERP 도입과 운영의 변천사 | 안상형 · 이창희 · 최강화
10 한국 팀제의 역사, 현황과 발전방향 | 박원우
11 기업세무전략에 대한 실증 | 정운오 · 박종일 · 박찬웅
12 한국기업의 특허전략 변화 | 송재용 · 신현한
13 한국기업 성과급제도의 변천 | 김성수 · 박찬희 · 김태호
14 한국 온라인게임산업의 발전과정과 향후 과제 | 노상규 · 위정현
15 한국 이동통신 서비스 및 단말기 산업의 변천과 발전방향 | 박철순 · 김성훈
16 우리나라의 회계감리제도 | 이창우 · 유재규 · 고종권
17 개성상인의 현대경영학적 재조명 | 주우진
18 한국 기업의 임금관리 | 최종태 · 박준성 · 이준우
19 한국 장수기업의 성공사례: 삼양사 기업경영사 연구 | 신유근
20 한국 전자산업의 마케팅 발전 과정 | 임종원 · 이한석 · 송상연
21 한국 기업의 인사평가 변천사 | 박오수 · 김기태 · 전병준
22 한국자동차산업의 제품혁신 역사와 애프터마켓 | 김수욱
23 한국 기업의 경영 정보 시스템 변천사 | 장정주 · 권순동
24 한국 제약기업의 변화와 도전: 한올제약의 전략적 선택 | 김성수
25 사원 만족도 관리 전략: 예스코의 변화관리 | 김성수
26 한국기업의 경영사례 | 김수욱 · 이동기 · 조재호 · 김태웅 · 박재석 · 박지영 · 왕수봉 · 윤선흠 · 조정은
27 네오위즈의 인사관리 | 김성수
28 한국기업의 성과주의 인사시스템 변천 | 김성수